Margrit Schriber
Vogel flieg

Margrit Schriber
Vogel flieg

Roman

Verlag Huber
Frauenfeld · Stuttgart

Die Autorin dankt der Stiftung Pro Helvetia und dem Kuratorium für die Förderung des kulturellen Lebens im Kanton Aargau für die Unterstützung ihrer Arbeit an diesem Roman.

© 1980 Verlag Huber Frauenfeld
Satz und Druck: Huber & Co. AG, Frauenfeld
Einband: Buchbinderei Burkhardt AG, Zürich
ISBN 3-7193-0687-9

Für Pietro

Das war der entscheidende Augenblick: Ich habe die Zeichnung gesehen. Mir ist schlecht geworden. Ich habe mich übergeben. Soweit ist alles klar. Ich bin ins Hotel zurückgekehrt, habe die Rechnung verlangt, bezahlt und das Zimmer geräumt. Jetzt fahre ich los. Ich fahre nach links, nach rechts, immer auf Nebenwegen, durch unbekannte Dörfer, fahre, ohne auf die Karte zu schauen. Wie ich es immer wollte.

Mein Unwohlsein hat früher angefangen. Irgendwann auf meiner langen Wanderung im Regen. Oder noch früher.
Wie ein Schlag, die Erkenntnis: Es ist Sommer.
Ich sah im Schalterraum die braungebrannten Kunden, füllte zu leiser Musik die Schalen mit Werbestreichhölzern, ordnete die Bankprospekte auf der Marmorplatte vor dem Panzerglas und nahm die liegengebliebene Sonnenbrille mit in den Kassenraum, den Dimmler, unser Hauptkassier, durch Knopfdruck aufschließen kann. Hier war die Temperatur gleichbleibend, 21 Grad, vollklimatisiert. Die Fenster sind aus Sicherheitsgründen fest verschlossen, die Betonmauern schalldicht gegen Straßenlärm isoliert, Neonlicht in jedem Raum, nur das Summen der elektronischen Maschinen ist zu hören. Jahreszeiten vergehen, ohne daß sie im Bankgebäude miterlebt werden. Jahre. Mein Leben.
Ich beugte mich über die Notenzählmaschine, in der ein Kolben Scheine schnell überblätterte und unsichtbaren Schmutz in mein Gesicht wirbelte. Dimmler, an den Aktenschrank gelehnt, schnauzte leise ins Telefon, gebt den Plunder zurück, schickt ihn mit der Rohrpost, die soll die Wertbriefumschläge richtig, alles noch einmal soll die, dann lernt die endlich schreiben. Dimmler redete von mir. Ich, Lisa Plüß, bin Die da.

Ich wusch die Hände, die vom vielen Abseifen des Geldschmutzes rauh und faltig sind. Auf der andern Seite der Kasse standen die Angestellten der Wertschriftenabteilung um den Telex. Spannung, als würden dort unablässig Rennresultate durchgegeben. Überraschungsausrufe, Kopfschütteln, Schulterklopfen, Luftsprünge, die Nachricht der Nachricht wird durchgetrommelt, die Zukunft der Angestellten scheint von einer Papierrolle abzuhängen. Sie werden Großaktionäre oder geraten in Schulden in einer Zeit wie nichts, im Bruchteil einer Sekunde, den ein Telex fürs Auswerfen einer Ziffer braucht. Lehrlinge, Angestellte, Prokuristen, die alle mit Wertpapieren handeln, mutmaßten noch eine Weile über Gründe der Kursentwicklung, rollten auf ihrem Stuhl zum Pult, weil am Schalter ein Schlüsselbund auf die Marmorplatte klirrte. Der Prokurist schloß seinen Blazer und trat zum Kunden. Er empfahl Nestlé, die sind eigentlich immer, zudem ein Schweizer, und Amerika ist im Augenblick nicht, aber Goldminen, schon Rendite und Zinsen, Ölpapiere auch, überhaupt Energie, obwohl die Lage nie ganz, ein Sicherheitsrisiko haben sie überall, wo nicht, die Masse stürzt sich jetzt auf den Rohstoffmarkt, was allerdings zu größerer Vorsicht. Der Kunde spielte mit seinem Tresorschlüssel, unauffällig deutete der Prokurist gegen den Keller, und die schwerfällige Alexandra erhob sich, ging mit hin- und herpeitschendem Glockenrock dem Kunden voraus in den Tresorraum. Sie zeigte ihm die Schere, mit der er Coupons schneiden konnte, erklärte den Sperrmechanismus der Kabinentür, den Klingelknopf und ließ ihn mit seinem metallenen Tresorkasten allein.
Draußen die Schatten der hohen Giebelhäuser, felderweise schräg über dem Kopfsteinpflaster. Auf dem Platz vor den

großen offenen Toren manövrierte das Feuerwehrauto, einige Male zersprang das rote Blech in der Sonne. Die Bänke vor den Bürgerhäusern waren frisch gestrichen, und an einigen der gewölbten Giebel waren die Ornamente erneuert. Oleander und Koniferen in Kübeln säumten die Haustüren mit den tief angebrachten Glockensträngen. Linden waren aus dem Katzenkopf-Pflaster geplatzt. Und die Leute auf der Straße trugen luftige Kleider. Die Frauen des Städtchens schienen alle mit Kinderwagen unterwegs zu sein. Als hätten alle miteinander Kinder bekommen, als wäre eilig Nachwuchs in diese enge, mittelalterliche Ringmauer hineingeboren worden und würde aus den Altstadthäusern heraus auf die Gassen gebracht: ein Treck zum Park.

Alles das hatte ich plötzlich bemerkt.

Sehnsucht ist ein Schmerz in der Brust, eine Engnis zwischen den Rippen. Ich legte den Kopf in den Nacken, bog die Schultern und gewinkelten Ellbogen zurück. Meine verkrüppelten Schwingen.

Die Schaltergeschäfte zu diesem Zeitpunkt umfaßten Bestellungen von Checkheften, Wechselgeschäfte, Ratschläge über Ein- und Ausfuhrbedingungen verschiedener Währungen, Abgabe von Benzingutscheinen, Zählen von Münzen in Reisekassen. Kunden brachten Behälter voll Geld, Sparschweine, Plastiksäcke, Konfektbüchsen und leerten die Münzen in die Marmorhöhlung. Unsere Fingerspitzen berührten sich kurz unter dem Panzerglas in der Vertiefung des Schaltertischs. Ich schüttete das Geld in die Sortiermaschine, ließ die Münzen in getrennte Fächer rasseln. Eine Münzsorte nach der andern stürzte ich in die Zählmaschine,

regulierte auf die entsprechende Größe und ließ durch den Trichter je fünfzig Münzen in Papierrollen auswerfen.
In der Uhr über mir klappten die Minutenschilder um.
Endlose Tage. Agendablätter umlegen bedeutete einen Augenblick der Lust.
Ein Bedürfnis nach Veränderung war schon lange da. Ich hatte es nur nie formuliert. Es war ein Drang, kein Wissen.

Lift, zischte der Hauptkassier so leise, daß Kunden hinter dem Panzerglas nichts hörten. Ich rannte zum Schacht und legte die Neue Zürcher Zeitung auf das Pult. Vom Schalter wurde ein Notenbündel zugeworfen. Scheine, die ich glätten, zählen oder öffnen und zu Zehnerbündeln klammern mußte. Ich ließ das Punktieren der Codes-Bögen und führte Dimmlers Weisungen aus.
Was er täglich rotunterstrichen hinwirft. Ich zitterte beim Einspannen des neuen Formulars, aus unterdrückter Wut. Herrn schreibt man mit zwei «r». Ablieferung schreibt man mit «ie». Für Dimmler sind Tippfehler ein Mangel an Rechtschreib-Kenntnissen. In acht Arbeitsstunden findet der Hauptkassier viele Anlässe, seine Kassahilfe vor den Bürokollegen bloßzustellen.
Ich bemerkte goldenes Haar am braunen Arm eines Kunden. In Sandalen schlappte der Mann über den marmorierten Fliesenboden zur Glastür. Kein Blick auf die Bronzefigur neben dem Eingang. Die Türflügel schwebten leise auseinander, als er auf die Matte trat. Er ging durch die Fangzelle zwischen Glastür und Außentür. Ein Knopfdruck, und die Glastür würde zuschweben, gleichzeitig sperrt die Außentür. Das Opfer, der Täter, wäre in seiner gläsernen Zelle von allen Seiten sichtbar. Nimm kein Geld, nimm mich, tritt mit mir an die Sonne hinaus!

Ich hatte drei Wochen Ferien beantragt, die Ferien im Sommer angesetzt. Zum erstenmal, entgegen allen Gepflogenheiten, und obwohl die Sommerferien Angestellten mit schulpflichtigen Kindern zustehen, oder den Lehrlingen, die dann schulfrei haben. Ich hatte ins vorgedruckte Formular meinen Sonderwunsch eingetragen. Und es war rücksichtslos. Und ich schrieb trotzdem, Lisa Plüß, Abteilung Kasse, ledig, schulpflichtige Kinder keine, Ferien Juli bis August. Ja, zur Hauptferienzeit, Herr Dimmler, und obwohl Ersatz schwer zu finden und ich keinen Mann und keine Kinder, ich weiß nicht, warum man für seinen Zivilstand bestraft wird und außer Saison, da niemand an Fremdenkurorten weilt, und sich diese Vereinzelung in den Ferien sogar, ja da noch wiederholt.
Ich sank ins Kissen und glitt in einen Valiumschlaf.

Seit Wochen schlief ich dank Valium. Ich litt unter nervösem Herzklopfen. Organisch fehlte mir nichts. Es gebe in meinem Leben etwas, das ich nicht bewältige, meinte der Arzt. Wir versuchten, gemeinsam den Störfaktor zu finden. Schuld war alles und nichts. Er verschrieb Lexotonil.

In der Kantine, aufgestützt auf dem Kunststofftisch, den Pappbecher in beiden Händen, redete ich von Ferienplänen. Hinter mir rumpelte eine Münze durch den Getränkeautomaten, der Becher rutschte und fing das ausströmende Getränk. Ich dachte an Sommertage, an Geflüster in lauen Nächten, an verschlungene Leiber, verströmende Düfte, Schreie, Lachen. Ich dachte an das Stück Leben, das ich immer auf meine Ferien verschiebe. Gegen den Wind kämpfen, ich wußte schon nicht mehr, wie das ist. Von morgens bis abends, sagte ich, will ich draußen sein. Ein Sieg gegen

den Sturm schien mir gewisser als ein Sieg gegen die unbewegliche Luft über den zusammengeschobenen Pulten zwischen Dimmler und mir.
Ich saß mit Alexandra aus der Wertschriftenabteilung in der Kantine. Zehn Minuten Pause, die Prokuristen zuerst. Es bildeten sich Gruppen, ohne daß man sich abgesprochen hätte. Prokuristen wollen unter sich sein, Angestellte, Lehrlinge. Sie wollen offen reden, schimpfen, über andere lachen. Urs, der Lehrling im Armyshirt mit Gradwinkel am Arm und einer winzigen Goldkuh im Ohrläppchen, schlug auf den Getränkeautomaten, weil der Pappbecher klemmte. Die Lehrlinge aus der Buchhaltungs- und Korrespondenzabteilung kamen, sich stoßend und neckend. Sie drehten sofort das Radio lauter.
Was verstehe ich von der neuen Popgruppe, dem neuen Sportidol. Ich warf den Pappbecher ins Abfallrohr und fuhr mit dem Lift zum Schalterraum, zu dem die Tür immer abgesperrt ist. Im Spion betrachtet zu werden ist mir peinlich. Ich wandte mein Gesicht von der Tür ab, bis geöffnet wurde.

Im Taschenkalender unserer Bank notierte ich meine Ferienwochen. FERIEN schrieb ich über die Breitseite, und ich malte ein Ausrufezeichen.
Leicht werde ich sein. Verwehbar wie eine Feder.
Ich kaufte ein schwingendes Kleid. Ich wechselte das Auto nun doch, drängte auf baldigen Liefertermin.

Juli bis August? Ich glaube kaum, meinte der Hauptkassier. Die eingesammelten Ferienwünsche werden im Sekretariat zusammen mit der Liste für Militärdienste der Mitarbeiter in die Absenzenliste eingetragen. Die Filialdirektion ver-

setzt die Angestellten der verschiedenen Abteilungen, damit der Arbeitsablauf trotz Ferien nicht behindert ist.
Ich bin ein loses, auswechselbares Namensplättchen auf dem Einsatzbogen. Die Prokuristen erhielten eine Liste der Aushilfen.
Alexandra für Plüß.
Urs für Alexandra.
Plüß halbtags für Kasse II.
Rickli von der Agentur zur Filiale für den Hauptkassier, dafür Plüß zur Agentur.

Und wenn ich auf Ferien vom Juli bis August bestehe?
Haben manche Mitarbeiter mehr und andere weniger Recht? Angenommen, ich beharre, das erstemal in all den Jahren. Ich bin vierzig, Herr Dimmler.
Sein Lächeln. Er ist achtundzwanzig, Chef der Kassenabteilung, ich bin nichts oder nicht viel, eine Kassahilfe ohne Unterschrift. Trotzdem eine Person, die wie ein Schlag die Erkenntnis traf: Es ist Sommer.

Ich borgte bei Edith Huber, der Nachbarin, einen großen Koffer. Auf dem Fußboden breitete ich die Landkarte aus und fuhr mit dem Finger Reiserouten ab.
So viele Wege. So viele Möglichkeiten. Rückwärts warf ich mich auf den Teppich, mitten im Raum. Und aus den Lautsprecherboxen donnerte in voller Stärke Musik über mich weg.

Juli. Ein Samstag. Ich war mit dem neuen Auto unterwegs. Kolonnen auf der Autobahn. Die Dächer einiger Wagen beladen und die Rückfenster verbaut. Der Fahrer vor mir ließ den Arm aus dem Fenster baumeln, blickte in den

Spiegel, lächelte und wimmelte mit den Fingern. Ich winkte zurück.
Hitzestau vor den Ampeln. Ich streifte das Kleid über die Schenkel hoch, bald klebte meine Haut am Kunststoffpolster. Das Auto roch neu. 193 Kilometer, sofort auf volle Touren, nicht schonen, riet der Händler.
Was weiß ich, wie man ein Auto schont. Daß ich es bedienen kann, genügt. Mehr brauche ich nicht zu wissen.
Und alle diese Knöpfe am Armaturenbrett haben natürlich einen Zweck. Die Bedienungsanleitung hatte ich überflogen, aber wie immer beim Lesen von Bedienungsanleitungen wuchs die Maschine zu einem Monster.

Daß ich nie fähig bin, mich der vorhandenen Möglichkeiten zu bedienen! Lange habe ich mich nicht daran gestoßen.
Der Maschinenpark unserer Bank wächst. Die Maschinen ersetzen uns nicht, sagt Dimmler, sie nehmen uns Routinearbeit ab. Die elektronische Rechenmaschine vor Ihnen auf dem Pult addiert, subtrahiert, dividiert und multipliziert fehlerfrei und schneller, als Sie die Zahl auf Ihren Schreibblock notieren. Warum benutzen Sie nicht die Maschine? Dimmler hatte natürlich recht. Die Buchungen sind auf Mikrofilm, was wollen Sie mit den Ordnern? Ich ließ die Ordner stehen, Alexandra steckte den Film in den Bildschirm. Mir wurde übel, rasch wie sie die Ziffern über den flimmernden Bildschirm zog.

Und auf irgendeine Weise wurde das rote, glänzende Auto vorangetrieben. Mühelos fuhr es im zweiten Gang die Serpentine hinauf.
Und dies wird eine Weile meine Landschaft sein.

Eine Terrasse am Südhang, Holzhäuser, mehrstöckige Appartementhäuser und Hotelbauten über das Gelände mit drei Seen verstreut. Lichte Wälder, Weiden mit kurzem Gras und Alpenblumen, wie ich sie von der Schützt-unsere-Blumen-Karte in Erinnerung hatte.
Kein Bergdorf mit dunklen braunen Bauernhäusern, wie ich mir vorgestellt hatte.
Ich wollte nicht enttäuscht sein. Zur Musik im Radio hämmerte ich aufs Steuerrad, nie zum voraus enttäuscht sein und bei der Ankunft schon ohne Hoffnung, ich summte mit Mahalia Jackson «In the upper room». Die Straße war mit Geschäften gesäumt. Am Morgen wollte ich die Fenster öffnen und Fichtenduft einatmen. Die Augen schließen und tief atmen, die Wärme des Tages ahnen, Bäume in der Sonne, Knotenschnüre aus Harz auf der schuppigen Rinde.
Vom Parkplatz am Straßenrand scherte ein Auto ein, ich trat auf die Bremse und flog gegen das Lenkrad. Am Morgen schon wollte ich mich tief über das Balkongeländer beugen, ins grelle Licht blinzeln, zu den Schneebergen gegenüber. Plötzlich beim Anblick der bunten Liegestühle und Sonnenschirme Lust verspüren, hinauszustürmen. Auf unbekannten Wegen und über fremde Plätze wollte ich hinunter zu den gleißenden Seen, hinauf zu den drei Fichten und ins Tal hinunterschauen, auf den Fluß mit seinen Verästelungen. Mir ist alles noch fremd, und alles ist bestaunenswert.
«Alpina» stand auf einem Schild, es wies von der blumenbesetzten Verkehrsinsel hinauf zu einem Fichtenwald. Nach ein paar Kehren führte ein Kiesweg zwischen steinernen Torpfosten durch den Park vor das vierstöckige, flache Gebäude.
Einige Gäste in bunten Liegestühlen unter Fichten sahen

mir entgegen. Im leichtesten Kleid stand ich neben dem geborgten Koffer. Der Portier zeigte mir meinen Parkplatz hinter dem Gebäude und trug das Gepäck durch die Drehtür. Wir haben Madame erwartet. Das Zimmer 312 ist gerichtet. Das Gepäck werde hinaufgebracht.

Das «Alpina» liegt zwischen andern Hotels, zurückversetzt auf dem Hochplateau. Ich erinnere mich nicht, warum ich das «Alpina» wählte. Vielleicht habe ich in der Zeitung eine Reklame gesehen.
Die Zeitung zirkuliert in der Bank, wird wie auf stillschweigendes Übereinkommen unter den unterschriftsberechtigten Männern herumgereicht. Der Hauptkassier überhört meine Bitte, die Zeitung lesen zu dürfen, setzt sein Zeichen ins Stempelfeld neben dem Zeitungskopf und gibt sie dem nächsten Prokuristen weiter. Ich war es irgendwann leid, täglich um die Zeitung zu bitten, zu lauern, bis nach dem Prokuristen auch der Handlungsbevollmächtigte die Zeitung zusammenfaltete, visierte, dann per Rohrpost in die nächste Abteilung schleuste.
All diese Demütigungen pappen meinen Mund zusammen. Nur ausnahmsweise konnte ich die Zeitung abfangen und überfliegen. In der Pause mitzureden über Wirtschaft, über Politik, über Sport wagte ich nicht. Zwischen den informierten Unterschriftsberechtigten tippte ich die Krümel eines Buttergipfels zusammen, während sie über meinen Kopf hinweg von Ost und West, der EG, den OPEC-Ländern, der dritten Welt, dem Wirtschaftsgeflecht, den Multis, den Zinsen und Kursen redeten. Ich wußte nichts, und die Unterschriftsberechtigten wußten alles.
Meine Stimme ist mit den Jahren leiser geworden. Die Herren unserer Bank schauen mich an, und ich stottere.

So ging es nicht weiter. Ich wäre eines Tages verstummt. Ich würde geräuschloser als unsere Maschinen.
Es machte mir aber Spaß, einmal mit dieser, einmal mit der anderen Gruppe in der Kantine zusammen zu sitzen. Ich dachte, ich müßte diese Ordnung durchbrechen, ich wenigstens dürfe nicht erstarren. Das war mein stummer Kantinenprotest.
Mag sein, daß unsere Frau Humm das Hotel «Alpina» erwähnt hatte. Sie war an diesem Ort ein paar Monate zur Kur. Wegen der Nerven, hieß es. Die Umstellung auf Computer, die Neuorganisation der Abteilung. Ausgerechnet die Humm will gestreßt sein, was arbeitet die denn, die Humm will eine psychosomatische Krankheit haben, die Krankheit der Spinner, die Ausrede aller Nieten.
Frau Humm mit der leisen Stimme. Ich mußte das Ohr zu ihrem Mund neigen. Wo waren Sie denn, Frau Humm? Geht es Ihnen besser? Tanner, der Vorgesetzte, stürmte durch die Abteilung. Haben die an der Kasse nichts zu arbeiten, hier hat niemand Zeit herumzustehen. Er verteilte einen Stoß Belege über die Pulte, gab Anweisungen. Gibt jeden Tag Anweisungen, obwohl Frau Humm das meiste ohne Instruktion erledigen kann. In zwanzig Jahren sei ihr der Betrieb ins Fleisch gewachsen. Sie hatte Tanner, den neuen Prokuristen, in ihre Abteilung eingeführt. Inzwischen hat sich viel verändert. Täglich erneuert er seine Macht. Die meisten Chefs demonstrieren ihre Macht. Vor den Untergebenen der andern Abteilung kämpft Vorgesetzter gegen Vorgesetzten. Das große Redegefecht wird schadenfroh von vielen Augen über die Schreibmaschinenwalzen hinweg verfolgt. Eine Abwechslung. Das Hilfspersonal genießt die eigene Sicherheit, während die Chefs Abteilung gegen Abteilung ausspielen.

Auch Imponiergehabe verbraucht sich. Was passiert denn, das ich nicht in allen Einzelheiten kenne? Wer mag noch den Kopf heben, hinhören, hinschauen. Stumpf sitze ich da.
Diese Verluste immer. Ich bin betäubt, statt wach. Nach und nach werde ich gefühllos. Eine Körperhülle, der nichts mehr angenehm oder unangenehm ist. Diese Leiche Lisa, die im Drehstuhl vom Pult zur Maschine rollt, nur noch einen winzigen Reflex in den Maschinenschreib-Fingern.

Las oder hörte ich vom Hotel «Alpina»?
Ich erinnere mich, ich dachte «Harzgeruch», dachte «Ungemähte Wiese», dachte «Bergsee» und ließ ein Zimmer buchen.
Ich hatte von diesem Ort geträumt, hatte mir alles vorgestellt. Jetzt war ich da.

Der Schlüssel mit der Hartgummibirne lag in meiner Hand. Ich fuhr mit dem Lift in den dritten Stock, fand das Zimmer 312 im langen Gang hinter einem Wandtisch mit Spiegel, steckte den Schlüssel ins Schloß, wartete. Und dann stieß ich die Tür in den unbekannten Raum.
Mein Raum für eine Zeit.
Das Zimmer, hell und freundlich. Auf dem Bett ein blumiger Überwurf. Ein Schreibtisch am Fenster, ein Sessel neben einem niederen Tisch, eine Stehlampe mit zitronengelbem Schirm. Gegenüber dem Badezimmer war ein Kleiderkasten. Ich zog den Vorhang zur Seite und trat auf den kleinen Balkon mit dem Liegestuhl aus rotem Segeltuch.
Der Ausblick: wie auf einem Reiseprospekt. Schneeberge, ein Himmel ohne Wolken, kobaltblaue Seen zwischen den Wäldern, Häuser mit blendenden Mauern, lackierten Holz-

balkonen, verkohlten Balken, glitzernden Schieferdächern.
Ein Auto ums andere glitt die Serpentine herauf.
Ich ließ mich quer aufs Bett fallen. Der Anreisetag. Der Beginn. Ich fange an.
Eine unbändige Freude, die ich ins Kissen schrie.
Ich räumte die Kästen ein und eilte ins Freie.

Spazierwege nach allen Richtungen. Und leichte Füße. Ein Übermut.
Kann ich noch rennen? Kann ich noch singen? Wo sind die Zäune zum Überspringen? Wo ist der Mensch, an dessen Hals ich jetzt fliegen will?
Ich war bereit, jemanden zu lieben.
Ich wanderte um den See. Schnaufend überholte mich ein Geher in Turnhosen. Mit den Armen rudernd, stakste er auf dem steigenden und wieder absinkenden Kiesweg durch den Fichtenwald. Zwischen eng geparkten, glühend heißen Autos erreichte ich den Gehsteig vor den Geschäften. Alle Fremden schienen zur selben Stunde unterwegs.
Hier liegen die Boutiquen und Gasthäuser. Am Ende des Parkplatzes hinter dem Gitter, das Eisstadion. Auf dem im Sommer trockengelegten Betonboden spielten vier Tennisspieler. Der Punkterichter hockte auf seinem Turm über dem Netz und drehte den Kopf den Bällen nach. Von der Tribüne feuerte eine Gruppe Mädchen die Spieler an. Immer dieselben Autos, die um den Häuserblock fuhren. Alle Parkplätze waren belegt, die Tische vor den Gasthäusern besetzt. Kartenständer, Obsthurden und Kleiderständer standen bis über die Mitte des Gehsteigs: die bunten Zähne der Läden.
Und ich spazierte mit den Fremden. Ich, Lisa Plüß, war in dieses Geplauder, dieses Auf und Ab einbezogen.

Isabel fiel mir auf.

Ich saß auf der roten Bank, durfte plötzlich Zeit verbummeln, mußte nicht pünktlich in ein Bankgebäude hinein und einen Sommertag im künstlichen Licht verbringen. Ich schaute ins glitzernde Wasser, bis ich fast blind wurde und die Fremden nur noch durch gespreizte Finger erkennen konnte. Eine junge Frau mit langem rotem Haar eilte vorbei, stockte, blickte sich rasch um, machte mit ihren weißen Armen eine weiche fahrige Bewegung und lief dem Wald zu. Mit dem bunten Kleid, ein Schmetterling zwischen den Fichtenstämmen am Ufer des Sees. Dieses Huschen, diese Leichtigkeit erregte mich. Der Flügel eines Falters lag auf der Bank, jetzt nahm ich ihn wahr. Er fühlte sich seidig an. Wohin fliegt ein Schmetterling mit nur einem Flügel? Eine Laderampe krachte, zwei Gemeindearbeiter in signalroten Übergewändern hoben Pflanzschalen von einem Lastwagen und verteilten sie über die Anlage.

Die Frau war im Wald verschwunden. Eine Bewegung in meinem Bildausschnitt war abgebrochen. Ich wartete. Ich war enttäuscht. Als wäre ich um die Aufführung betrogen worden. Ich bohrte den Fingernagel in den Schmetterlingsflügel und zerriß ihn. Glimmernde Fetzen flatterten über die zusammengepreßten Knie. Ich bot das Gesicht wieder der Sonne, der Milde.

Jemand warf die Arme in Richtung der Schneeberge. Ich bemerkte am unsicheren Umherzeigen, daß sich die Fremden über die Gipfel nicht einig waren. Ein Mann breitete eine Wanderkarte aus, die Frau neigte sich ihm zu. Ich stellte mir vor, der Mann, ein Offizier, sage: «Siehst du diese natürliche und schwer zu überwindende Grenze unseres Landes? Ich könnte mir keine bessere Befestigung denken, die Alpen sind nicht schön, sie sind nützlich.» Dann ließ

ich den Mann einen Dichter sein, er deutete zum Kegel mit den Geröllbächen und sagte: «Siehst du diese Tränen des Berges?»
Ich hatte einen andern Blick, eine Zärtlichkeit für alles. Die Arme breitete ich über die Lehne und atmete den Duft der Fichten, den Wind übers Wasser wehte. Und die Frau mit dem roten Haar eilte aus dem Wäldchen, beugte sich am Ufer über den See, legte die Handflächen aufs Wasser und sah sich lange an. Der See war glatt, die Frau und die Umgebung darin wie mit Lack überzogen. Ich warf einen Stein, und die Lackfläche zerschlug. Die Frau erhob sich und ging langsam, sich mit den Armen an den Stämmen abstoßend, in den Wald zurück. Ich dachte daran, ihr zu folgen, blieb aber sitzen. Weißt du, daß du hier in diesem Fremdenkurort bist? wollte ich in den Wald hineinrufen. Ja, würde die Frau rufen, jaja. Ich war sicher, sie würde heraustreten wie aus Kulissen, sich umsehen, mit erstaunten Augen, würde jede Einzelheit betrachten, als müßte sie sich alles einprägen und sich versichern, daß es sie gab, hier an diesem See und zu dieser Stunde. Und sie würde mit einem Stein das Bild im See zerplatzen lassen, die Kreise betrachten, die sie verursacht hat.

Isabel hat mich vom ersten Augenblick an beschäftigt. Ich wollte mehr über sie erfahren.

Die Fremden schlenderten aus den Gassen und tranken an einem der Tische ihren Aperitif. Aber Isabel fand ich nicht. In der Papeterie kaufte ich Ansichtskarten. Kaufte den Blick aufs Dorf von verschiedenen Standorten. Sommer- und Winteraufnahmen, farbig und scharf. Kaufte Kugelschreiber, wir haben auch Marken, versicherte der Händler.

Ich brauche keine, sagte ich und nahm den Papiersack entgegen.
Auf dem Weg zum «Alpina» begegnete mir der Geher, diesmal kam er aus der Gegenrichtung. «Sleep with the best» in großen Lettern auf dem Leibchen. Er war nicht mehr jung. Um das verschwitzte Haar hatte er einen Taschentuchstrang gebunden. Sein Gesicht vor Anstrengung verzerrt und fleckig. Der Geher kreuzte und entfernte sich.
Ich dachte an den Spitzensportler, den ich einmal im Fernsehen gesehen hatte. Nach seinem Sieg ließ er sich neben der Aschenbahn in den Rasen fallen. Die Kamera fuhr nahe an den liegenden Mann heran. Senkrecht stach unter dem glänzenden Satin sein erregtes Glied empor. Das hatte mich überrascht, ich war beeindruckt, die Kamera schwenkte für dieses eine Mal zu rasch vom Sieger weg zu den Jubelnden auf der Tribüne.

Mein erster Auftritt im Speisesaal, die erste Begegnung mit den andern Gästen.
Ich wollte nichts verderben, umrandete die Augen mit Kohle und zog den langen Batikrock an. Erst trug ich den dünnen Pullover mit, dann ohne Büstenhalter, und schließlich wieder mit Büstenhalter.
Ich war Tisch fünf. Ein Einzelgedeck an einem Zweiertisch. Das Personal rief sich Tischzahlen oder Zimmernummern zu. Und in der Sprache des Personals war Plüß nun identisch mit 5 und 312.
Vor den weißen Serviettenkegeln warteten ältere und jüngere Leute. Ein Greis mit fleckigen, knochigen Händen. Eine Dame mit künstlichen hellblonden Locken und Brombeerlippen. Paare. Eine Familie mit drei Kindern, das jüngste Kind reichte mit der Nase zum Tisch, schlug seinen Arm

über die Kante und faßte Vaters Glas. Einige Tische waren noch nicht besetzt. Nachtessen von 19 bis 21 Uhr, die Gäste kamen und gingen. Viele kannten sich, grüßten und blieben eine Weile am Nachbartisch stehen.
Ich saß steif an meinem Tisch, sah über die Gäste weg aus dem breiten Fenster. Der Wirt brachte die Speise- und Getränkekarte. Vier Menüs standen zur Auswahl. Und natürlich, wenn Sie wollen, à la carte zu einem bescheidenen Aufpreis. Er empfahl den einheimischen Wein, spritzig, auch für eine Dame nicht allzu herb. Die Kellnerin hieß Theresa. Sie stellte Stapel von Tellern auf die Wärmeplatte, leise klirrte das Porzellan. Das Schöpfbesteck lag mit der Wölbung nach oben auf dem Anrichtetisch. Eine Weile hörte ich nur das Kratzen von Besteck und die Korkschuhe der Kellnerin auf dem Parkett.
Ich hatte das Gefühl zu träumen. Geräusche, Essen und Trinken zu träumen, eine Landschaft und Menschen, die sich bewegen und reden und ihre Gläser aneinanderstoßen.

Einige wunderbare Tage war die Welt größer als die Fläche eines Pults.

Ich schrieb auf einen Bogen Alpina-Papier, Ich fand keinen passenderen Namen für dich als «Isabel».

Eine kühle Nacht. Und Lichter am Berg gegenüber.
Eine Erinnerung an Lichtnetze von Städten, vom Flugzeug gesehen. Milchige, sich verschlingende und auseinanderfasernde Knotenschnüre. Für mich ein Anblick völliger Einsamkeit. Vielleicht weil ich den Namen der Stadt nicht kenne, die das Flugzeug überfliegt. Tief unter mir spielt sich ein unbekanntes Leben ab. Man ist ausgeschlossen, man

wird dort unten nicht vermißt. Für diese Lichterstadt gibt es keine Lisa Plüß, nie hat mich ein Brief von dort erreicht, kein Anruf, kein Gedanke, ich werde in keinem Register geführt, niemand hat je meinen Namen geflüstert.
Ich füllte das Lavabo mit kaltem Wasser und legte die nassen Hände auf mein brennendes Gesicht.

Cheers no tears.
Mr. One, mein Briefgeliebter, stellt sich mich immer nur lächelnd vor. Wie reizend, Dein Lächeln. Warum sollte ich weinen? Er ist frei. Ich bin frei. Die eine Liebe bis ans Ende unseres Lebens ist ein Traum, eine Liebe im Kopf.
Du wirst mir doch immer schreiben, One? Immer, Lisa. Die ganze Welt soll wissen, You are an universe, my universe.
An jenem schönen Ferien-Anfangstag war an One's Sätzen nichts zu widerlegen.

Geträumt, daß ich aufstehen und den Satz notieren muß, Ich möchte draußen an der frischen Luft hängen wie mein Kleid. Dieser Satz schien mir im Traum bedeutungsvoll. Und nun, da ich wach war, suchte ich das Besondere in diesem Satz.

Vom Fenster des Zimmers 312 konnte ich nicht auf den Talboden sehen. Auch der Park gewährte keinen Überblick. Aber die Bergkette auf der andern Talseite war bei klarem Wetter zu erkennen. Am Morgen färbten sich die Bergspitzen gelb, das Licht glitt über die Schneehänge, und die Sonne, eine grelle formlose Masse, schob sich aus dem Berg. Am Abend glimmten Lichter, wo ich am Morgen keine Dörfer vermutet hätte.

Nach dem Frühstück brach ich auf, ging durch den Park, wo Theresa und der Portier Liegestühle zwischen die Fichten stellten, trat auf die Straße und machte meinen Rundgang. Marschierte, schlenderte, ruhte auf einer der Bänke und beobachtete die Serpentine, die durch die Weinhänge hinunter zum Fluß und aus dem Tal hinausführt. Die Autos tief unten rollten geräuschlos. In der dünnen Luft gleißte das Blech, die weißen Mauern blendeten. Ich hatte die Sonnenbrille im Handschuhfach des Autos vergessen. Meine Augen brannten. Der Hang steigt hinter dem «Alpina» steil an. Von der Talstation führt eine Seilbahn hinauf in den Schnee, der im Sommer sulzig ist. Auf den Prospekten fährt dort eine kupferne Frau im Bikini Ski. Der Tourist habe Ausblick auf tausend Gipfel.
Ich warf eine Münze ins Fernrohr. Für die Dauer seines Schnarrens konnte ich die Objekte vielfach vergrößert betrachten. Ich sah Leute auf Bänken, die ihrerseits Spaziergänger beobachteten. Golf- und Tennisspieler führten die gewohnten Bewegungen aus. In dieser Entfernung schienen sie ohne Bälle zu spielen. Als hätten sie die Bewegungen auswendig gelernt. Ich schwenkte das Fernrohr zu den Bergen auf der andern Talseite. Nichts rührte sich, doch mußten sich um diese Zeit zahllose Seilschaften hinauf- und hinunterarbeiten.
Ein verborgenes, nicht wahrnehmbares Leben.
Was ich jeden Tag, jede Stunde an tausend Orten verpasse.
Ich erschrak. Es ist der tausend und abertausend Mal gedachte Satz einer vom Neonlicht angestrahlten, von einer Sicherheitskamera gefilmten Angestellten. Dieses eine einzige Leben blind und taub zu verschwenden, der Gedanke machte mich krank.
Ich habe gelebt, als müßte das Besondere noch kommen.

Eine Vorstellung von dem, was dieses Besondere ist, habe ich nicht. Und bis heute, da ich den Einschreibebrief der Post übergeben habe, machte ich keine Anstrengung, etwas zu ändern.

Im Park trippelte ein Kind Tauben nach, jedesmal, wenn es nach ihnen haschte, flatterten sie auf und ließen sich anderswo nieder. Quiekend rannte das Kind zum neuen Platz, kauerte auf den Boden, wirbelte mit den Armen, und die Tauben flogen wieder fort.
Mittag. Die Sonne im Zentrum über dem Bergpanorama. Mein Haar am Scheitel war heiß. Ich kämmte mit den Fingern durch, spürte das Glühen der Kopfhaut.

Seltsam, mich bis zu den Haaren zu fühlen. Sollte dieser Leib für tastende Hände so weich ausgestattet sein? Wo ist er, der unbekannte Geliebte?
Dieser grauenvolle Gedanke, daß es ihn gibt und wir uns verpassen.
Die Begegnungen, die waren, habe ich alle nur geträumt. Dieses ABC der Männernamen wie Samen in die Luft geworfen und von den Vögeln im Flug abgefangen.

Immer allein? Der Wirt stützte die Arme auf meinen Tisch und sah mir lange in die Augen. Er wollte mir mit seinem Auto die Gegend zeigen. Die schönsten, geheimsten Plätze. Die Wirtin riegelte an der Kaffeemaschine, hoffentlich wissen Sie, wie schön Sie es alleine haben, Dampf zischte heraus, sie rieb das Metall blank. Und der Wirt blinzelte mir zu. Pfeifend ging er an seiner Frau vorbei zum Zigarettenautomaten.
Meine Ansichtskarten bedeckten den Tisch. So viele Be-

kannte wie Karten, sagte ich zu mir; bemerkte, daß die Wirtin das Riegeln einen Augenblick unterbrach, fühlte ihren neugierigen Blick und sammelte die Karten ein.

Liebe Kollegen, es war Zeit, die Landschaft zu wechseln. Es ist Zeit, euch meine Ansichten zu schicken. Wenn ich jetzt nicht damit beginne, werden Vordruckformulare meine Schreibhemmung vertiefen. Ich werde verlernen, mich auszudrücken, werde Texte nur noch ergänzen können, werde Reglementformeln ausspucken, um 7.30 Uhr zusammen mit den elektronischen Maschinen angestellt, um 17.30 Uhr mit den Computern und dem Licht ausgeschaltet. In den Ferien verschicke ich vorgedruckte Karten, auf denen das Zutreffende unterstrichen ist und genügend Platz für den Eingangsstempel mit Datum freigelassen wird.

Jedesmal, wenn ich die Halle durchquerte, malte der Wirt mit Kreide Zimmernummern auf die Koffer der Neuangekommenen. Golfschlägerbehälter, Tennisrackets, Fischruten und Rucksäcke versperrten den Weg zum Lift. Die Neuen waren mit Erwartungen gekommen. Gebückt ging der Wirt mit zeichnender Hand zwischen ihrer Ausrüstung umher.
Auf den Klubtischen ausgebreitete Wanderkarten. Kreuz und quer wollten die Gäste diese Gegend durchwandern. Früh zum Gipfel, Rasten, hinunter ins Dorf, auf den Vita-Parcours, Schwimmen, Reiten, Golf und Tennis spielen, Fischen, Lesen, Geselligkeit.
Und natürlich wollen sie fotografieren.

Treiben Sie keinen Sport, fragte das Ehepaar von Tisch vier.
Ich wandere ein wenig.

Der Mann legte seine Hände auf den mächtigen Bauch, ich muß etwas dagegen tun. Immer diese Einladungen, erklärte seine Frau, diese Diners. Sie koche leidenschaftlich gern, und die kompliziertesten Gerichte. Kochen sei ihr Beitrag für die Geschäftsverbindungen ihres Mannes, Getränkebranche, wissen Sie. Direktor, fügte sie eifrig bei, und sie zwickte in seinen Bauch. Wir specken ab, nicht wahr, August?
Fit trimmen, lautet Direktor Roths Ferienprogramm. Eisern, sagte er, wolle er daran festhalten. Damit er Marathonsitzungen besser überstehe. Das Management sei hart und gnadenlos, körperliche Tüchtigkeit fast schon Voraussetzung für geistige Leistungsfähigkeit.
Sport ist ein Thema unserer Kaffeepausengespräche. Der Montag ist der Tag der sportlichen Leistungsberichte. Fußball, Tennis und Skifahren sind die bevorzugten Sportarten. Man redet von Siegen, die andere erringen.
In ihrer Freizeit spielen einige Angestellte Fußball oder Tennis. Fast alle fahren Ski. Ab und zu ein Wettkampf gegen die Angestellten einer anderen Bank. Das weibliche Personal wird mit einem Laufzettel als «moralische Unterstützung» ans Feld gebeten. Wir zählen auf euch.
Obwohl ich Sport nicht mag, malte ich für den letzten Wettkampf die Signete der Bank auf ein Transparent und steckte die Stöcke am Fußballfeld in den Boden. Mit meinen Kolleginnen feuerte ich die Spieler an. Und die Konkurrenz feuerte die Spieler ihrer Firma an.
Unsere Bank ist meistens Verlierer. Die anderen verstärken ihre Mannschaft mit Angestellten von auswärts. Nach dem Kampf feiert jede Firma im Gasthaus eines Kunden. Unsere Direktion spendet den bankeigenen Kämpfern einen kalten Teller, eine kurze Rede. Trotz Niederlage, heißt es, adres-

sieren wir an unsere Aktiven für den großen sportlichen Einsatz unseren Dank. Wir dürfen nicht vergessen: Es war nur ein Spiel.
Kein Vergleich mit dem Härtemarsch der neueingetretenen Angestellten einer Bank in Japan. Dieser Dreißigkilometermarsch führt um einen öffentlichen Park. Er dient zur Ertüchtigung und Prüfung des neuen Personals und ist in drei Phasen eingeteilt. Die erste Marschphase wird in bequemem Tempo bei Gesprächen zurückgelegt. In der zweiten Phase entwickelt sich ein Wettbewerbsgeist. Die Langsamen stellt man an die Spitze, was jeden zu schnellerem Gehen veranlaßt. In der dritten Phase hat jeder Teilnehmer allein zu gehen. Jeder sei sich selbst und der Qual der eigenen Anstrengung ausgeliefert. Bei der Eintrittsfeier der neuen Bankangestellten erinnere der Präsident in seiner Rede an die Entwicklung der Bank. «Vergessen Sie niemals, daß Ihre jetzige Lage das Ergebnis von Blut, Schweiß und Tränen ist, die die Senioren des Hauses vergossen haben, um der Bank zu ihrem jetzigen Geschäftserfolg zu verhelfen.» Worauf der Sprecher der Neuen antwortet: «Wir betrachten die Bank als unser Leben und unsere Karriere.»

Ich war nun hier. Hunderte von Kilometern vom Arbeitsplatz entfernt. Das Visum LP ist außer Betrieb. Verreist an einen unbekannten Ort.

Ich habe mich im «Alpina» mit niemandem angefreundet. Gesellschaft vermisse ich selten. Isabel, die junge Frau mit dem roten Haar, diese Traumtänzerin, beschäftigte mich. Ich führte mit ihr endlos lange Gespräche.
Auf dem Höhenweg marschierte ich in den Wald. Ein Mann im Trainingsanzug schwang mit gestreckten Armen

einen Klotz von einer zur andern Seite und hinunter zwischen die gegrätschten Beine und hinauf zu den Zweigen. Es war der Mann, den ich am Tag zuvor als Geher gesehen hatte.
Ich ging auf dem federnden Nadelboden, hörte das Brechen des trockenen Holzes. Überflüssiger Lärm! Und doch, Isabel, ist man möglicherweise eingeplant. Die Füße treten Samen aus den Zapfen. Die Samen wehen über den Boden und keimen. So betrachtet, hat der Auftritt von LP einen Sinn.
Das Gehen in flachen Schuhen bin ich nicht gewohnt. Fußrist und Kniegelenke schmerzten. Ich fühlte mich schlaff und alt. Zuwenig Bewegung, zuviel entseelte Arbeit: Codieren, Punktieren, Einreihen, Bündeln, Sortieren, Mutieren. Ich stehe ja im Hilfsdienst des Computers. Gefragte Qualitäten: Reaktionsfähigkeit, Disziplin, Exaktheit, Aufmerksamkeit, Konzentrationsfähigkeit. Das System läßt keine menschlichen Fehler zu. Nicht benötigte Qualitäten: Eigenwilligkeit, Kreativität, Spontaneität, Phantasie.
Als Angestellte bin ich überfordert.
Als Mensch liege ich brach.
Eine nicht vollausgenutzte Person, ein Visumzeichen, geht durch diesen Wald. Die Bäume müßten schreien.
Warum, frage ich mich, erhält man seinen Körper gesund und pflegt ihn auf ein langes Leben, das nichts bringt?
Dieses Getue mit meinen Salaten, Früchten und Joghurt und dieses Nein danke keine Zigarette, Nein danke nur ein einziges Glas. Ich halte zuviel Maß. Nicht nur schreien müßten die Bäume, sie müßten brechen über diesem Leben auf Sparflamme, das da vorüberhinkt.
Nur Mr. One's Briefe bringen Spannung in mein Leben.
Ich will vergessen, daß ich einen Augenblick im Kerzenlicht

seine fahle schlaffe Haut gesehen habe. Verzeihst du mir mein Alter, fragte er, löste die Uhr und beugte sich über mich.
Du bist für mich nicht alt, sagte ich mit dünner Stimme. So lange hatte ich mich nach seiner Berührung gesehnt, hatte mich mit zahllosen Briefen in eine Zuneigung geredet. Ohne Dich bin ich nichts als ein funktionierender Organismus, konnte ich schreiben. Zwischen Aufstehen und Zubettgehen passiert nichts Nennenswertes.
Ich habe One auf einer Reise kennengelernt. Er befand sich auf dem Rückweg von einer europäischen Konferenz über Wirtschaftsfragen. Auf Grund der Verhandlungen müsse er dem Minister Vorschläge unterbreiten. Diese Vorschläge werden mich in meinem Land nicht beliebter machen, sagte er, aber viel mehr als einer guten Beurteilung durch die Presse sei er seinem Gewissen verpflichtet. Er betrachtete sich nicht als Politiker, sondern als Schriftsteller. Kommen Sie, wir trinken eine Flasche Wein.
Tage später telefonierte er. Dann schrieben wir uns. Schließlich besuchte er mich.
Ich fuhr nach der Arbeit zum Flughafen. Sei nicht überrascht, Lisa, wenn ich an dir vorübergehe, als kennte ich dich nicht. Das bedeutet: Achtung Journalist! In diesem Fall folge mir unauffällig. Du weißt damned gut, daß ich nur deinetwegen komme.
Er konnte keinen Skandal brauchen, dieser Mr. One, dessen Lebensführung von öffentlichem Interesse war. Er hatte Zukunft, die eine Kassahilfe nicht gefährden durfte. Er mußte mich verleugnen. Natürlich großartig, der Gedanke, ich, LP, wäre der Anlaß für einen Skandal.
Die Ankunftstafel der Flüge zeigte keine Verspätung an. Ich hatte Herzklopfen und feuchte Hände. Dieses Treffen

war anders als alles, das im Leben einer Kassahilfe passiert. Der Plan A mußte nicht befolgt werden. Keine Reporter. Der Normalfall fand statt.
Immer findet der Normalfall statt. Auf beide Wangen einen Kuß, ich wagte kaum, ihn anzublicken, und holte im Parkhaus meinen Wagen.
Nein, am Montagabend gibt es in der Schweiz nirgendwo Zimmer voll weißer Rosen zu kaufen, One. Die Läden sind geschlossen. Leider werde ich nicht, wie mehrmals beschrieben, in Rosen ertrinken.
Seine Berührungen waren sacht, wie ich mir das immer vorgestellt hatte. Er schlug die Decke zurück. Kniend betrachtete er meinen Körper. Ich schloß die Augen, er rührte sich nicht.
Er betet, dachte ich. Dieser Mann betet über meinem Leib.

Ich wanderte zurück ins Dorf und kaufte Karten.
Liebe Isabel, schrieb ich, ich muß wissen, wie Deine Stimme klingt. Ich muß Deine Zwischenfragen, Deine Ausrufe hören können. Meine Phantasie ersetzt Dich nicht.

Die Souvenirs in den Schaufenstern glichen sich. Auch die Haltung der Verkäuferinnen im Rahmen der Ladentür. Sie warteten mit verschränkten Armen. Eine Fremde griff nach der Plastikkugel mit einem winzigen Haus darin. Die Füße des Männchens auf der Bank vor dem Haus steckten in weißem Schlamm. Die Fremde drehte die Kugel, Schnee wirbelte über das Haus und das Männchen auf der Bank. Ich bückte mich unter den aufgehängten Spazierstöcken durch. Die Beschläge klangen aufeinander. Die Fremden promenierten vor den Geschäften und Lokalen. Anschauen und angeschaut werden schien einziger Zweck.

Lieber Herr Tourist, in kurzen Hosen und mit diesen knöchernen Knien und behaarten knolligen Waden sehen Sie lächerlich aus. Dieser Anblick ist unzumutbar. Kurze Hosen müßten verboten sein, ich verstehe diese Großzügigkeit der Gesetze nicht. Schon der Gedanke, irgendeine Frau der Welt wäre auf diese Beine begehrlich gewesen, hätte sich von diesen umklammern lassen. In Ihrem Aufzug erinnern Sie mich an einen Pfadfinder, der einmal meine Strickjacke auf seinem schweren Rucksack mitgetragen hat, obwohl ich nichts zu tragen hatte. Ich habe mich ins Laub geworfen, um den Himmel durch Blätter zu sehen. Und er mit seinen lateinischen Namen und dem Hinweis auf eine Blattkrankheit hat alles verdorben, was an Stimmung zwischen uns hätte aufkommen können. Er wußte alles. Ich glaube, er ist überhaupt nur deshalb Pfadfinder geworden, damit er andern Leuten das richtige Verhalten in Wald und Flur beibringen kann, das Feuern im Freien, die Heilkräfte der Pflanzen, welche Pilze giftig, welche genießbar sind, wie man sich nicht verirrt. Und er arbeitete bei der Versicherung. Kannte schon berufswegen alle Störfaktoren des Lebens, daß zum Beispiel der Dobermann und der Schäferhund an der Spitze der Schadensforderungen liegen. Nur daß er mein Störfaktor sein könnte, hat er nicht geahnt und ließ mich die Namen der besten Kopfwehtablette, des besten Schlafmittels, des besten Gurgelwassers notieren, hätte mir sicher noch die heikleren Medikamente gegen Abführen und Verstopfung diktiert, aber er mußte, während ich schrieb, einen Lastwagen vertreiben, der vor uns parkiert hatte und die Aussicht verstellte. Dies alles hat mit Ihnen nur so viel zu tun, als Ihre kurzen Hosen mich an diesen Pfadfinder erinnern.
Hat Ihnen niemand gesagt, wie häßlich Ihr Anblick ist? Er

verdirbt mir die Laune. Treten Sie weg, stelzen Sie fort. Sie haben mehr als Ihre Beine entblößt. Sie rauben mir eine Illusion. Ich bin hierher gekommen, voller Hoffnung und einer Lust auf Abenteuer, die sich lange in mir staute und die ich jetzt ausbrechen lassen will. Mein Gott, und da kommen Sie daher mit kurzen Hosen. Empfehlung. Die Frau, der Sie gerade begegnet sind, der Sie aufmunternd zulächelten.

Ich saß draußen vor dem Gasthaus und schrieb Ansichtskarten. Füllte auch das Adreßfeld mit kleiner Schrift und numerierte die Karten.
Der Tag war Warten.
Ich glaube, ich dachte meistens an Isabel.
Im Rückblick scheint mir, Isabel sei mir im ersten Augenblick aufgefallen. Sie habe sofort mein Interesse geweckt. Aber in Wirklichkeit hat sie mich diese ersten Tage wohl nicht mehr interessiert als der Sportler, dem ich immer wieder begegnete. Sie begann mich zu interessieren, als ich sie im «Alpina» entdeckte. Ihr Zimmer lag neben dem meinen. Zimmer 314. Die 313 fehlte, in den Ferien darf es nur Glücksziffern geben. Ich sah Isabel auf dem Balkon. Sie lehnte mit dem Rücken zur Aussicht und sprach mit jemand, der im Zimmer war. Ich vernahm eine Männerstimme.

Die Kellnerin Theresa entkorkte Rosé aus der Gegend des Neuenburgersees. Zwölf Grad genau. Herr Roth mit erhobenem Zeigefinger. Und zum Goutieren Schwarzbrot. Theresa holte ein Körbchen mit Schwarzbrot und ließ Roth die Weinetikette lesen. Er setzte seine Brille auf und wiegte den Kopf, als hätte er Bedenken. Aber Theresa durfte ent-

korken. Die Augen halbgeschlossen, ließ er den Wein im Mund rollen, durch die Zähne zischen, von einer Backenseite zur andern schleudern, Theresa wartete noch immer mit erhobener Flasche, und endlich zog Roth den Wein in den Schlund. Das Gut nach langem bangem Warten. Man stieß mit mir auf schöne Ferien an.
Später schunkelten wir in der Bar.

In Gedanken schrieb ich eine Karte.
Sehr geehrter Herr Roth, mein Herr, lassen Sie Ihre dicken Finger auf den Silberlamé-Hosen der Frau Klein. Stützen Sie nicht mein, stützen Sie deren abgeschlafftes Gesäß.
Die Morgensonne war ein gelber wandernder Strich über dem Bett.
Der Lippenstift schien mir für die getönte Haut zu hell.
Nach dem Frühstück kaufte ich auf dem Weg zum Dorf einen ziegelroten Stift und ziegelroten Lack für Nägel, die nicht mehr an der Schreibmaschine brachen.
Meine Rundgänge waren schon fast ein Programm.
Ich wanderte zum Aussichtspunkt, Höhe 1658 Meter über Meer, lehnte über die Abschrankung und ließ die Arme über den hölzernen Pfosten hängen. Keine Wahrscheinlichkeit, sich an diesem Ort zu verirren. Wegweiser zeigen in verschiedene Richtungen. Neben der Ortsbezeichnung die Marschzeit.
Ein Hund stieß seine kühle Schnauze an meine Wade. Ich schob die Hand über sein Fell. Er ließ sich die Berührung gefallen. Ich kauerte mich nieder und strich seine Ohren zurück, du Hund mit Japanaugen. Jemand entschuldigte sich für den Hund. Er rannte nach dem fortgeworfenen Stecken, pflügte durch Gräser und war in der Wiese nur noch am Wallen der Halme auszumachen. Fuß! Die Gräser

begannen in Richtung der Stimme zu schwanken. Auch ich besitze einen Hund. Meine Nachbarin hütet ihn. Siebzehn Sommer ist er durch eine Wiese auf mich zugelaufen.
Er hat ein ABC der Männernamen überlebt.
Das einzige Wesen, kommt auf mich zu, ohne Zauberei.
Man brauche einfach etwas Lebendiges um sich, sagte die Besitzerin. Der Hund rannte bellend einer Gruppe Wanderer entgegen. An ihren Rucksäcken hingen Blumen, und Zotteln baumelten an roten Sportsocken. Die Wanderer deuteten auf die Wegweiser, verglichen die Namen mit der Wanderkarte, nickten und marschierten bergab. Eine Weile noch Lachen und das helle Aufschlagen der Wanderstöcke.

Man ist natürlich nicht hierhergekommen, um in aller Stille und Abgeschiedenheit zu leben.
Ich dachte daran, eine Karte an Edith Huber zu schicken. Sie gießt während meiner Ferien die Grünpflanzen, und wenn ich zurückkehre, stehen Blumen und ein Thermoskrug mit heißem Kaffee auf dem Tisch. Gewöhnlich danke ich mit einer Torte, mehr Zuneigung ist die Nachbarin nicht gewohnt.
Meine Ansichtskarten lehnt sie ans Radio. Noch in einem Jahr stehen meine Karten da. Eine Treue, die mir unverständlich ist. Sie ist der einzige Mensch, mit dem ich regelmäßig verkehre.
Der einzige Mensch, denke ich, weil ich unfähig bin, rasch eine Gruppe mir liebgewordener Menschen aufzuzählen. Der eine oder andere fällt mir ein. Und es ist schon selten, daß mir überhaupt einer einfällt. Meistens wähne ich mich von der ganzen Welt verlassen.
Edith erinnert sich sofort an das halbe Dorf. Und sie holt ihre Fotoalben. Mich rührt, wie sie alle Fotografierten mit

einem Aufjauchzen begrüßt und den Verstorbenen rasch übers Gesicht streicht.
Von Zeit zu Zeit spielen wir das Ritual ihrer Erinnerung. So war ich damals frisiert, sagt Edith und fährt mit beiden Händen in ihr Haar. Vorne war ich flach, sie legt ihre Hände auf die Brüste. Sie eilt in den Estrich, eine Weile knarren die Balken im alten Haus. Und dann schreitet Edith herab, ein Tüllkleid an den Leib gedrückt, beinah schwebend kommt sie über die Treppe. Ihr erstes Ballkleid. In einer rotausgeschlagenen Schatulle liegen die Ohrenklips von der Jungmädchenzeit bis heute, eine Sammlung durch die Mode von dreißig Jahren. Sie behängt mich mit diesem Schmuck, das Ballkleid, das zu weit ist, steckt sie mir im Rücken mit Nadeln zusammen. Und ich mache die Ballettschritte, die ich als Kind erlernte. Lachend läßt sich Edith aufs Bett fallen und klopft aufs Kissen. Ihre Lebenslust steckt mich an. Wir suchen in Kommoden nach Unterwäsche mit Fischbeinstäbchen. Alles ziehe ich an, gehe dick gepanzert hinter Edith in die winzige Stube, knie mit ihr vor der geschnitzten Truhe, die die Eltern kauften, als Edith im heiratsfähigen Alter war.
Daß sich ein Mädchen allein, ohne den Schutz eines Mannes durchs Leben schlagen könnte, war undenkbar.
Jetzt sind wir beide, was wir immer als das gräßliche Los häßlicher Mädchen betrachteten: alte Jungfern.
Wir räumen Ediths Truhe aus. Um alle Wäschebündel sind Satinbänder geschlungen, Monogramme; in der Handarbeitsschule gestickt. Einen Teil der gehäkelten Säuglingswäsche habe sie verschenkt. Unter den Bezügen liegen der Wollunterrock mit Muschelsaum und passende Unterhosen, im Handarbeitsheft unter «Beinkleid» aufgeführt. Edith klopft mit ihrer kleinen Faust gegen meinen dicken

Fischbeinleib, Tränen in den Augen über das teuerste Leinen, das es einmal gab, welches man für eine Ehe, diese lebenslängliche Investition, für gerade gut genug befunden hatte.
Ich ahne Ediths Jugend: Verbote, Gebote. Sie habe Coiffeuse werden wollen, dies galt aber als verrucht. Coiffeusen haben als erste Lippenstift und Nagellack benutzt. Sie hätte Verkäuferin im Konsum werden sollen. Das hat sie abgelehnt. In der Nähe suchte ein Zahnarzt eine Gehilfin, sie trat bei ihm ein. Und ist heute noch da.
Du hast auch Träume und Illusionen gehabt, sage ich. Solch ein Unsinn, lacht sie, mitten in ihrer Aussteuer kniend, und wischt die Brille.
Und wir räumen die Truhe ein, legen die gestickte Decke obenauf. Sie bindet meinen Hund an die Leine und flüstert in seine tauben Ohren. Wenn sie etwas liebt auf der Welt, dann meinen Hund. Von der Außentreppe des kleinen Holzhauses späht sie immer in alle Wegrichtungen nach einem großen Hund, der meinen kleinen Hund morden möchte. Sie nickt: Der Weg ist frei. Und ich wandere nach Hause mit meinem Hund.

Liebe Isabel, schöne junge Frau, kennst Du ein Ritual der Erinnerung? Bewahrst Du die Bilder und Briefe Deiner Freunde auf? Haben Deine Dinge eine Geschichte?
Ich horte ein paar Sätze. Die Notizen über einige Augenblicke liegen in einer Schachtel. Ich weiß nicht, wozu ich Notizen mache und sie zur Seite lege. Welche Pläne könnte eine Kassahilfe haben? Welche Zukunft? Die Vergangenheit ist Wegwerfzeit. Was könnte es geben, das nach einem Verlust noch einer Erinnerung wert ist? Die Grabpflege meiner Erinnerung nähme mir nur die Kraft, den Augen-

blick zu bestehen. Der Augenblick ist das Gespräch mit Dir. Das ist diese Karte.

Alle Wege, die der Wegweiser am Aussichtsplatz benannte und die weniger als eine halbe Stunde Fußmarsch dauerten, wanderte ich ab.
Die nächste Biegung, die übernächste, die überübernächste bot ein neues Bild. Ein wunderbarer Ort, wo ich noch nicht alle Wege kenne.
Es war Nachmittag, als ich Isabel entdeckte. Wir kreuzten uns im Wald. Ihr Begleiter war ein Mann in mittlerem Alter. Keine Ausstrahlung, männliche Geschlechtsteile unvorstellbar. Er wand den Hals, als störten Bartstoppeln, die am Hemdkragen rapsen. Schnürsenkel mit Metallspitzen schlossen den Kragen. Eine solche Person also begleitete diese Frau mit dem langen, bei jedem Schritt mitschwingenden Rothaar. Er betrachtete sie, auch wenn sie sich bückte und an einer Blume roch.
Besoffen von Liebe.
Ich neigte mich gegen den Fels. Einer, der sich in den Augen einnistet, das hat keine Zukunft, Isabel. Erst die Augen, dann den Leib, dann die Gedanken. Wenn er sein Geschöpf umgekrempelt hat, wenn es den Namen Isabel vergessen hat, fordert sein Werk ihn nicht mehr heraus, und er übersieht es. Wer sich in deine Blickrichtung stellt, nimmt dir das Licht, Isabel.
Er führte sie am Ellbogen, ging im Schlendergang, und sie mußte ihre Schritte zügeln. Meistens blickte sie zu Boden.
Langsam stiegen sie den Felsenweg hoch. Ein Zapfen durchschlug das Geäst, Isabel hob das Gesicht und entdeckte mich ein paar Kehren über ihr am Fels. Ihr scheues, kleines Lächeln.

Isabel benötigte die langen Haare, um sie sich wie einen Vorhang übers Gesicht zu ziehen, benötigte die langen Stirnfransen, um bei gesenktem Kopf die Augen zu verstecken. Sie verbarg das Lachen hinter der Hand. Und unter dem Pflaster am Kinn vermutete ich einen Pickel. Die ganze Zeit in meiner Nähe, hielt Isabel die Hand vors Pflaster.
Und der Begleiter griff nach ihrem Handgelenk, drehte Isabel zu sich und blickte vorwurfsvoll in ihre Augen. Ich wartete, an den Fels gelehnt, bis die beiden vorüber waren. Richard, nannte sie den Mann. Er murmelte einen Gruß.
Unvermittelt bei der nächsten Kehre riß Isabel sich los und kreiste um sich selbst. Der Rock faltete sich zu den ausgestreckten Fingerspitzen auf, schwang um die Schenkel: ein bunter Kreisel. Schneller und schneller drehte sich die Frau, ein verwischender Farbfleck, kreisend um den Mann, bergauf und bergab. Plötzlich erstarrte sie, die Kleidglocke erschlaffte. Richard streckte die Hand aus. Sie stiegen höher auf dem Zickzackweg. Ich vernahm das Knacken der dürren Zweige immer ferner. Manchmal schlug ein Schuh auf einen Stein oder rutschte über den trockenen Nadelboden.
Ich hoffte auf ein Splittergeräusch, auf den Fall eines schweren Körpers. Jeden Moment muß Isabel diesen Mann über den Felsen stoßen. Und dann eilt sie den Felsenweg herunter, mit wehendem Haar. Vogel, flieg, rufe ich. Unter dem Fichtenwäldchen lassen wir uns ins Gras fallen, noch immer lachend. Und dann liegen wir lange still, den Kopf im Hufeisen unserer Arme.
Ich muß daran denken, daß man in unseren Augen jetzt den Himmel sehen könnte.

Wanderer auf allen Wegen. Sie grüßten und zogen weiter.
Ein Deltasegler schwebte über die Spitzen der Fichten. Ein

Geräusch, als loderte in der Nähe ein Feuer. Das blauweiß bemalte Trapez im Rahmen flatterte. Ein Mann hing waagrecht im Gestell. Die zurückgestreckten Beine spreizte er leicht. Mit den Armen stützte er seinen Oberkörper auf einen dreieckigen Bügel und schaute geradeaus zum Bergpanorama.
Ich winkte und schrie. Der Segler im engen Anzug schien mich nicht zu bemerken.
Zahllose Fotoapparate mußten festgehalten haben, wie der Deltasegler vom Berg schwebte. Die Gäste des Hotels «Alpina» hatten alle das gestreifte Trapez am Himmel bemerkt.
Ich wartete an Tisch fünf auf mein Essen, wie alle anderen, schaute den Bewegungen der Kellnerin Theresa zu, sagte, bitte noch Gemüse, danke ich bin serviert, das Essen schmeckt ausgezeichnet. Sagte die Sätze, die an allen andern Tischen gesagt werden. Von den Formeln schien niemand Ferien genommen zu haben.
Frau Klein, die ältere Dame an Tisch drei, trug an diesem Abend lange Pendelohrringe. Exakt in Reih und Glied standen Medizinflaschen und Pillendosen über ihrem Gedeck. Sie schenkte der Anordnung viel Beachtung. Und ihr Arm schwang aus, als gelte es, Schachfiguren zu verstellen. Drei rosarote oder gelbe oder blaue Kapseln ließ sie in ihre dicken Hände mit Grübchen fallen, legte eine um die andere auf die Zungenspitze und spülte die Tabletten mit Wasser herunter.
Roths grüßten freundlich. Frau Roth und Frau Klein kannten dieselbe Person in derselben Stadt, und das verband sie. Auch Herr Roth verweilte an Tisch drei, studierte die Speisekarte. Seine Frau klopfte liebevoll auf seinen Bauch. Sie berichteten vom Spiel auf dem Golffeld, das von der Sonne ausgetrocknet war.

Und sehr nette, sehr interessante Leute haben wir heute kennengelernt.

Die Ferien betrachteten sie als Gelegenheit, Beziehungen anzuknüpfen und Anstandsregeln zu praktizieren. Herr Roth führte seine Frau am Ellbogen durch den Speisesaal zu ihrem Tisch und bot Platz an. Dann setzte er sich ihr gegenüber, legte die Handgelenke auf die Kante des Tischs und wartete auf Theresa.

Ich durchquere allein den Saal, es ist fast beschämend. Den Stuhl unter meinem Gesäß haltend, rutsche und bocke ich die Stuhlbeine näher zum Tisch. In meine Jacke schlüpfe ich so rasch, daß keiner an meine Seite hechten und mir in die Ärmel helfen kann. Ich sei Hilfe nicht gewohnt, sage ich entschuldigend.

Theresa mußte eine falsche Mineralflasche auf Tisch drei gestellt haben. Frau Klein war unzufrieden, die ihre sei noch fast voll gewesen. Theresa entschuldigte sich. Die Flasche gehörte auf Tisch sechs, sie tauschte die Flaschen aus. Frau Klein lächelte säuerlich, mit geschlossenen Lippen. An Tisch sechs hatte man inzwischen eine neue Flasche bestellt. Herr Escher prüfte die Zahl auf dem Etikett.

Als Lastwagenfahrer, Ferntransporte, wissen Sie, kenne er die Tricks der Wirte.

Theresa zeichnete mit dem Kugelschreiber eine deutliche 6 aufs Etikett, stellte die Flasche mit Nachdruck auf den Tisch zurück. Frau Escher und ihre Tochter saßen mit geraden Rücken schweigend da. Die Flaschenkontrolle schien ihnen peinlich.

Die Frauen hatten dieselbe Knotenfrisur, dasselbe gutmütige Gesicht.

Der Greis an Tisch zwei öffnete seine Lippen nur zum Esseneinführen. Starr saß er da und sah über alle weg auf ei-

nen Punkt an der geschwärzten rustikalen Balkenwand über dem Natursteinkamin.
Ich sah über niemand weg.
Seit wenigen Tagen saß ich mit diesen Leuten um dieselbe Zeit im Speisesaal. Abends rapportierten sie die Erlebnisse des Tages. Enttäuschend war für Roths die Zersiedelung der Landschaft. Ihre Vorstellung sei romantischer gewesen. Hier sei jedes zweite Geschäft ein Maklerbüro. Die Wälder, die Spazierwege und die nach Fichten duftende Luft habe aber den Ärger vergessen lassen. Schließlich sind wir gekommen, um in der Nähe der Berge, in gesundem Klima Ferien zu verbringen. Jetzt sind wir da, jetzt wollen wir keine mißmutigen Gesichter, die können wir später wieder betrachten, jetzt wird gelacht.
Hinreißend, fand Frau Roth die Boutiquen. Sagenhaft, die Pariser Modelle. Bizarr, dieses Nebeneinander von äußerster Mondänheit und alpenländischer Wildheit. Luxushotel neben Bergbauernhütte, Nachtleben und frühe Sports-Tagwachen.
Geplapper, in dem ich mich wohlfühlte, weil ich nichts Wesentliches beizutragen hatte. Frau Roth neigte sich zu mir. Ihr Mann habe sie von Museum zu Museum geschleppt. Bis ich den Eindruck hatte, daß Europa ein einziges Museum sei. Doch nichtwahr, man sollte in einem fremden Land die Häuser nicht nur von außen sehen, sondern diese Wohnungen betreten, Familien kennenlernen, wissen, wie diese Leute leben. Hier verwehren Zäune und Vorhänge den Einblick. Die Einheimischen sind freundlich, wir müssen sagen, im allgemeinen sind die Leute in Fremdenzentren offener, umgänglicher, von ihrer Sprachgewandtheit nicht zu reden. Wetten, sagte Escher, es gibt nicht nur eine Deltasegelschule hier, sondern auch das da-

zugehörende Deltasegel-Verkaufsgeschäft; welche Möglichkeit, Geld zu machen, liegt denn an diesem Fremdenkurort noch brach?

Frau Klein lachte einmal laut auf, wild pendelte ihr Ohrgehänge. Sie verschluckte sich und riß die Serviette an den Mund.

Schön, so dazusitzen.

Meine Aufmerksamkeit war auf mein Wohlgefühl in diesem Plauderton gerichtet. Vielleicht hielten die Gäste mich für abwesend. Nicht immer traf ich im richtigen Augenblick den richtigen Ausruf, die richtige Bestätigung im richtigen Tonfall.

Meine lieben, verehrten Tischnachbarn, ich wünsche, daß einmal Einzelheiten aus einem fremden Leben mich etwas angehen.

Theresa rannte umher und trug die schmutzigen Tischtücher weg. Roths, Frau Klein, Eschers und einige andere fröhliche, laute Gäste wechselten hinüber zur Bar, die nach dem Nachtessen geöffnet hatte.

Und Sie, Fräulein Plüß, kommen natürlich mit.

Ich legte die Hand an die Wand. Und im Zimmer Nr. 314, stellte ich mir vor, legt Isabel die Hand an die Wand. Jetzt war es nur ein Backstein, der uns trennte.

Ich schrieb diese Ansichtskarten.

Wenn eine vollgekritzelt war, fuhr ich auf der nächsten und übernächsten Karte fort. Kein Gedanke, die Ansichten der Post zu übergeben. Ich konnte jetzt die Sätze lesen, die ich jemand ins Gesicht schreien wollte.

In diesem Sommer griff ich schriftlich an. Es ist ja leicht, in der Ferne zu wüten.

Es entspricht nicht meiner Gewohnheit, unangenehm aufzufallen. Ich bin ängstlich und zu Freundlichkeit erzogen. Manchmal stampfte ich zu Hause mit dem nackten Fuß auf den Teppichflor. Aber jetzt: diese kleine Auflehnung für eine Schreiblade.
Ich muß lächeln, wenn ich denke, wie One mich schildert. What more can a man wish – and get – than a woman who never quarrels, never scolds, never cries. You are a wonder, something real special, as they say in the States. Ich bin für ihn das liebe, gute Mädchen.

Ich trug jetzt immer leere Karten bei mir.
Meine Strohtasche enthielt außerdem einen Fahrzeugausweis, einen Paß, einen Notfallausweis, Geld, ein Taschentuch, einen Notizblock, einen Kugelschreiber. Diese Dinge gaben mir Sicherheit. Notfalls konnte man mich identifizieren. Plüß Lisa, ledig, 40 Jahre, Kassahilfe, keine besonderen Merkmale. Notfalls konnte ich über die Grenze fliehen.

Ein sonniger Morgen. Ich fand den Zettel. Vielleicht mein Glückstag. Ich hatte lange und gut gefrühstückt, lange und sorgfältig die Augen geschminkt. Für das frisch gewaschene Haar genügten ein paar Bürstenstriche. Ich überquerte den Parkplatz und entdeckte die Nachricht an meinem Scheibenwischer. Auf dem zerfransten Blatt stand in steiler Schrift «Ich möchte Sie gerne näher kennenlernen und erwarte Sie Donnerstag um 23 Uhr in der Bar des Sporthotels». Eine Nachricht ohne Unterschrift.
Jedermann konnte sie geschrieben haben; Isabel, der Wirt, ein Gast, ein Küchenbursche, jemand, der mich und mein Auto gesehen hatte. Der Zettel konnte ein Scherz sein, eine

Wette. Jemand hatte vielleicht beschlossen, zu testen, ob ich der Einladung eines Unbekannten folgen würde. Ich steckte den Zettel in meine Strohtasche. Es war Montag oder Dienstag. Bis Donnerstag war viel Zeit, mich für oder gegen die Einladung zu entscheiden. Viel Zeit, den Schreiber herauszufinden.

Liebe Kollegen, betrachtet die Alpen, den ebenmäßig blauen Himmel. Blickt nicht auf den Visumsstempel, der oben rechts auf dem A4-Schreibmaschinenpapier hingedonnert wurde, unter dem diese, meine leuchtende Alpenkarte klebt. Der Postweg wird immer eingehalten. Hört Ihr das vierfache Echo meines Gelächters? Ein Hauch von Freiheit haftet dieser Karte an, sie wird ihn auf dem Postweg durch alle Abteilungen verlieren, wird durch zahllose Erledigt-Kritzel zu einer Akte degradiert. Das Visieren von Ansichtskarten war keine große Erfindung. Mag sein, daß im Reglement Geschäftsbriefe und Ansichtskarten unter dem Begriff «Post» zusammengefaßt sind und ein übergenauer Esel Privatpost demzufolge als Geschäftspost behandeln zu müssen glaubt.
Liebe, ordentliche, gepflegte Erscheinungen, visiert, wenn Ihr glaubt, ein geschmierter Tageslauf verlange Unterschriftenhaken. Mir wird übel, wenn ich denke, daß ich mein halbes Leben mit Visieren von Belegen, Rundschreiben, Akten, Amtsblättern verbringe. Und daß andere ihr halbes Leben mit Überprüfen des Visierten und die andere Hälfte mit Visieren des Überprüften verbringen. Ja, ich empfinde ein Gefühl von Freiheit, wenn ich einen Brief in meinem Briefkasten finde, der nicht aufgeschlitzt, nicht mit einem Eingangsstempel versehen und nicht zu visieren ist. Eine jämmerliche Genugtuung. Als wäre da einer durchge-

schlüpft. Ich könnte schreien vor Freude, daß es noch Dinge gibt, die sich Reglementen und der Kontrolle von Reglementen entziehen.
Ich wählte eine Karte mit dem See. Grelle Föhnstimmung.
Geehrte Herren, die Kunstkommission hat im neuen Bankgebäude den Bildschmuck gewählt.
Wir haben uns inzwischen an die Klecke gewöhnt. Aber wo ist Platz für unsere Ansichtskarten, unsere Fotos, unsere Blumenstöcke?
Der Ausdruck «Bildschmuck» entlarvt mich als Menschen ohne Sinn für das Höhere. Ich bin das ältliche Fräulein in der Schalterhalle, Sie werden sich nicht erinnern, die Kommissionsmitglieder haben über mich weg auf die Wände geblickt. Sie suchten den richtigen Platz für das richtige Bild, denn ein Prozentanteil der Bausumme war nun einmal für Schmuck vorgesehen. Einer Institution wie unserer Bank steht die Rolle eines Mäzens wohl an.
Mein Kunstverständnis ist unverändert. In dieser Beziehung sind Ihre Bemühungen fehlgeschlagen. In der Freizeit male ich, malen wir stapelweise rote Spiralen und grüne, auf der Spitze stehende Würfel. Wir alle muten uns zu, die angekauften Werke ohne Mühe leuchtender und vielfarbiger zu malen. Für ein Butterbrot.
Im alten Gebäude gab es Kartenlandschaften an der Wand. Nicht, daß ich für diese Schrebergärten der Büroangestellten etwas übrig hätte. Aber die Kartengrüße und Fotos der Familie haben wir verstanden, denn sie betrafen uns selbst. Die Wände zeigten ein kleines Privatleben. Unsere Seele, meine Herren. Mir scheint, ein Teil von uns selbst ist verschwunden. Kunst, die uns verdrängt, kann nicht das Wahre sein. Die Wände der Kunst, so haben Sie entschieden und uns ein Stück Gemütlichkeit genommen.

Liebe Isabel, ich habe lange an Dich gedacht, sah Dich langsam aus der Mulde des Golfplatzes aufsteigen, wie im Zeitlupentempo ging ich auf Dich zu. Glut sprühte aus Deinem langen Haar. Ich streckte die Hand danach aus. Du drehtest den Kopf zur Seite, lächelnd, dann schwebtest Du über den Rasen mit wallendem Kleid.
Nach der ersten Begegnung am See sah ich Isabel immer in Begleitung. Der Mann führte sie in die Bar des «Alpina», schob die Frau, eine Hand auf ihrem Nacken, durchs Dorf. Und sie spazierten am Golfplatz entlang. In der Nähe des Klubhauses schauten sie den Spielern zu.
Ich lehnte am Zaun, gegen den auch Isabel sich lehnte.
Die Spieler wanderten über den weich geschwungenen, weiten Platz, der Schatten wanderte um sie herum. Ich ging oft zum Golfplatz und sah den Spielern zu. Nie stellte ich mir vor, als Mitglied dazuzugehören. Das Zuschauen genügte mir. Ich bewunderte die Geduld, mit der die Spieler im Segeltuchbehälter einen Schläger wählten. Den Ernst ihrer Gesichter bei dieser spielentscheidenden Wahl. Wie sie den Schläger zur Probe über die Kugel schwangen und hochzogen: ein Augenblick gesammelter Kraft, der Körper seitwärts gebogen, gespannt wie eine Sehne. Der erhobene Schläger blitzt, dann der Schlag, das Innehalten des Körpers, die Entspannung.
Ein Bein vorgestellt und gegen den Schläger geknickt, wartete Frau Roth, bis ihr Mann den Golfball geschossen hatte. Sie bemerkten mich nie. Aber sie spielten immer, als wüßten sie Zuschauer um sich und würden Bewunderung und Applaus erwarten.
Die Spieler, die ihre Schlägerwagen zum Klubhaus karrten, hatten rosige Gesichter. Goldfäden in Wappen auf Blazern und Mützen blinkten.

Heimlich lächelte Isabel mir zu.
Der Mann beugte seinen Mund an ihr Ohr. Sie löste sich plötzlich vom Zaun. In ihrem langen arabischen Gewand eilte sie über das Feld. Einen Mädchennamen über den Golfplatz rufend, folgte der Mann. Am Rand des Platzes wartete Isabel. Sie preßte die Fäuste gegen die Rippen und ließ den Kopf hängen, als hätte diese Flucht keinen Sinn. Er schwieg. Legte nur die Fingerspitzen auf ihre Schultern und suchte Eingang in ihren Blick. Isabel versuchte zu lächeln.
Einmal, hundertmal wird dieser Mann ihr seine Güte zu verstehen geben. Wie man das kennt! Sie vergewaltigen unsere Persönlichkeit, man wehrt sich, aber ihr Hundeblick sagt uns bis in den Traum hinein, wie unrecht wir haben. Das ist kein Leben, Isabel! In Bangkok bezahlst du zweihundert Dollar für einen Killer. Schuldgefühle wären dann wenigstens berechtigt.
Ich folgte dem Paar ins Dorf. Es schlenderte den Schaufenstern nach.
Hinter ihnen schüttete ein Ladeninhaber einen Eimer Wasser über den Gehsteig. Dampf stieg aus dem feuchten Asphalt. Isabel blieb an einem Schaufenster stehen. Auch ich wartete, stellte die Handkante aufs spiegelnde Schaufensterglas und preßte die Stirn dagegen.
Modellhäuser im Maklerbüro bildeten ein winziges Dorf, winzige Autos befanden sich auf dem Weg zur Parkgarage, auf den Terrassen winzige Liegestühle und winzige Männchen von Mäuerchen voneinander getrennt. Ein Schild darüber «La vie en rose». Baupläne hafteten auf der Trennwand zum Büro, im Hintergrund eine Sekretärin über die Schreibmaschine gekrümmt. Geräuschlos klappten Fototafeln mit Liegenschaften um «Baustein zu ihrer Zukunft».

Zukunft, eine unvermeidbare Zeit. Mehr Bedeutung hat dieses von allen Leuten mit Hoffnung überbelastete Wort nicht für mich.

Das ist wieder ein schöner Tag, sagte der Mann neben Isabel. Wenn wir zusammen sind, gibt es nur schöne Tage. Isabel blickte schweigend auf ihre Schuhspitzen unter dem langen Gewand.

Daß es jemals regnen könnte, daß es hier jemals geregnet hat: ein unvorstellbares Bild.

Alle Gäste mit Strohhüten, Segeltuchmützen, verknoteten Taschentüchern auf dem Kopf. Die Kinderwagen mit bunten kleinen Schirmen versehen. Die Kleinen reckten ihre nackten Glieder aus den Kissen. Ein Hund mit heraushängender Zunge trabte, die Fußnägel über den Asphalt ziehend, an mir vorbei, pißte an eine Mauer und trabte weiter. Vier Rollstühle wurden hintereinander vorbeigefahren.

Die Insassen der Sanatorien unterschieden sich von den Touristen durch das Fehlen von Fotoapparaten. Sie zeigten weniger Interesse an Sehenswürdigkeiten und mehr Interesse an Mitpatienten. Ein Mann und eine Frau kreuzten mich. Sie waren in ein Gespräch vertieft und überhörten meinen Gruß. Aus dem Gespräch entnahm ich, daß die beiden sich hier kennengelernt hatten, nun anfingen, über sich selbst zu reden und dem andern zuzuhören.

Sie habe während des Sanatoriumaufenthaltes viel Schicksal gesehen, erzählte Frau Humm. Ich treffe Frau Humm, wenn ich am Morgen später in die Kantine gehe. Gegen elf Uhr sind die meisten Angestellten an ihre Schreibtische zurückgekehrt, nur Frau Humm sitzt, in sich versunken, an einem der leeren Tische und dreht bei meinem Eintritt ein erschrockenes Gesicht zur Tür. Ich mag keinen Menschen se-

hen, so wird Frau Humm sich sagen. Wir verstehen uns, ohne zu reden, genießen den Augenblick der Ruhe. Die Lehrlinge haben die Musik abgeschaltet, und die Geräusche der vielen Menschen im Bankgebäude dringen nicht in diesen Raum.
Die Kantine wäre für Personalfeste oder Feierabendtreffen groß genug. Aber alle eilen nach der Arbeit weg. Die jüngeren Angestellten treffen sich in einem Verein, einer Diskothek, einer Sportveranstaltung. In Frau Humms und meinem Alter sind alle verheiratet und verbringen die Abende mit ihrer Familie. Nach der Arbeit sind wir lustlos, jede geht in ihre Wohnung.
Wie in Waben sitzen wir und warten auf den nächsten Tag.
Die Kantine wird eigentlich nur für die Pause benutzt. Der große Raum ist Verschwendung. Es fällt niemand ein, dort noch eine Weile mit andern zusammenzusein. Der Abwart würde eine Änderung der Gewohnheit wahrscheinlich nicht begrüßen. Die Putzfrauen fegen und saugen und wischen am Abend das Gebäude.
Die Kantine ist einmal bei der Einweihung des Gebäudes zum Servieren des Aperitifs benützt worden. Gute Bankkunden besichtigten den sicheren Tresorraum, die elegante Schalterhalle, die hellen Abteilungen mit den neuesten elektronischen Geräten und den angekauften Kunstwerken. Das Galadiner mit Orchester für Persönlichkeiten der Region fand im Kasino statt, nur Prokuristen waren geladen. Ein einziges Mal wurde die Kantine von allen Angestellten gemeinsam benutzt. Es war der Instruktionsabend über die neue Computeranlage; die Angestellten waren verpflichtet, teilzunehmen. Der Raum ist nie zu einem Zentrum geworden, in dem alle sich freiwillig über die Arbeit hinaus zusammengefunden hätten.

Wie kommen Sie zurecht, Frau Humm?
Sie neigte den Kopf und strich mit dem Zeigefinger der Tischkante entlang. Ihr Lächeln erinnerte an unterdrücktes Weinen. Die Allergie in Frau Humms Gesicht war mir nie deutlicher aufgefallen. Die geschwollenen Flecken glühten. Unter Herrn Friedrich hatte Frau Humm Vertrauensarbeiten verrichtet, hatte Überblick über das, was in der Abteilung geschah. Anrufe leitete man zum Apparat auf ihrem Pult. Die Angestellten anderer Abteilungen berieten sich mir ihr, wenn Friedrich mit Kunden beschäftigt war. Jetzt gibt es Vorgänge, von denen sie nichts wissen darf.
Was ich nicht sehen darf, wird verschlossen aufbewahrt.
Das Mißtrauen kränkt Frau Humm. Zur Friedrichzeit war man in der Abteilung wie eine Familie. Borner habe, wenn er über Mittag arbeitete, oft einen Mohrenkopf auf jedes Pult gestellt. Und dann seine kindliche Freude, sein rotes freudiges Gesicht, er beugte sich über seine Belege und behauptete, nicht zu wissen, wo die Süßigkeiten hergekommen sind. Frau Humm griff nach dem Pappbecher, es sei alles anders geworden, sie drehte den Becher in der Hand.
Liegt es am größeren Umsatz? An den neuen Leuten? An den Maschinen?
Frau Humm möchte sich nicht mehr aufregen, wenn ihr die jungen Leute, die sie anlernte, nun Arbeit zuweisen, loben oder tadeln, meistens aber Fehler beanstanden. Eigentlich erwarte sie, angebrüllt zu werden. Sie habe bemerkt, daß sie dankbar sei, wenn dies nicht geschehe. Dieses allmähliche Einfügen ärgere sie. Eine andere Lösung aber sehe sie nicht. Man muß irgendwie aneinander vorbeikommen. Man hätte lernen müssen, Zumutungen zurückzuweisen. Woher aber nimmt eine, die immer Untergebene war, diesen Mut?

Einesteils, meint Frau Humm, fehle es uns Frauen an Ehrgeiz, andererseits an Selbstvertrauen. In unserer Filiale arbeiten ebenso viele Frauen wie Männer. Keine hat die Unterschrift. Es sei hier keine für Verantwortung geeignet. Vielleicht werden Frauen zum vornherein nur als Hilfskräfte eingestellt, Männer aber im Hinblick auf einen verantwortungsvollen Posten. Man verlangt von den Männern mehr Fähigkeiten, und sie strengen sich an, den Anforderungen zu genügen. Wir werden nie zu höherer Leistung angespornt. Fest steht, daß keine weibliche Angestellte sich zur diplomierten Bankbeamtin ausbildet. Warum? Betrachten wir den Arbeitsplatz als Einkommensquelle, als Übergangslösung bis zur Heirat, als Zusatzverdienst zum Lohn des Ehemannes? Die Möglichkeit, hier Karriere zu machen, scheinen alle auszuschließen. Ich bin nicht sicher, meinte Frau Humm, ob wir nicht eines Tages aufs Pult hauen oder schreien oder sonstwas machen sollten. Uns gibt es nur als Nummer, als Ergänzung.
Was würde sich ändern, wenn wir, gerade wir auf uns aufmerksam machten? Auf uns kann man verzichten. Wer sind wir denn? Teurer alter Personalbestand. Durch die Automatisierung zu Hilfspersonal abgestiegen. Trotzdem nehmen wir den Lohn vollwertiger weiblicher Angestellter in Anspruch. Frau Humm stand auf und warf mit ihrem auch meinen Pappbecher in die Abfallröhre.
Ich blieb noch eine Weile und sah aus dem Fenster. Die Blätter der Topfpflanze auf dem Sims der Giebelluke gegenüber rüttelten. Draußen ist Wind, dachte ich. Nichts schien mir in diesem Augenblick wichtiger, als das zu bemerken. In den Park müßte man gehen, den Kindern beim Spielen zusehen oder miterleben, wie die gestrickten Pullover den Frauen auf die Schenkel wachsen.

Ich habe an diesem Ferienort keine Sensationen erwartet. Nur wissen, wie das ist: Sonne auf der Haut, Wind im Haar. Und einen flachen Stein übers Wasser schwirren lassen, die Arme einem Geliebten um den Leib schlingen, auf die entzückenden, dummen Worte aus einem Mund nahe am Ohr lauschen.
Das ist schon zuviel. Lisa, Freiheitssüchtige, Gierige nach Lebendigkeit, du stellst große, unmögliche Anforderungen.
Seit zwei Tagen hing ein Toter im Fels: ein vom Wind bewegtes Paket. Die Zeitungen brachten Titel auf der vordersten Seite. Die Meldung verbreitete sich rasch. Der Kletterer beschäftigte die Gäste im «Alpina». In der gräßlichsten Verstümmelung ist jeder noch einmal interessant: ein Reiz für abgestumpfte Sinne, ein Foto-Sujet.
Auf allen Balkonen des «Alpina» richtete man Ferngläser zum Fels, und mit Teleobjektiv wurde fotografiert. Beim Essen erzählten Roths, sie seien mit dem Auto an die Unglücksstelle gefahren. Es sei schwierig gewesen, einen Parkplatz zu finden, so viele waren gekommen, den Verunglückten am Seil zu sehen, zu fotografieren und zu filmen. Wir haben den toten Bergsteiger deutlich gesehen. Seine Glieder seien merkwürdig unnatürlich vom Körper abgewinkelt, und der Kopf sei wie zermantscht. Ein Helikopter der Rettungsflugwacht schwebte um den Fels.
Frau Klein an Tisch drei fröstelte, der Tote verschlage ihr den Appetit. Sie ließ Theresa trotzdem ein zweitesmal vom hübsch mit Petersilie verzierten Essen schöpfen. Dem Abgestürzten sei ja nicht mehr zu helfen. Ein Unglück, aber das Leben geht weiter. Roth tätschelte die Hand seiner Frau, wir haben jetzt einmal das Bergschicksal eines Alpinisten aus der Nähe gesehen. An der Unglücksstelle anwe-

send sein sei aufwühlender, als vom Unfall über die Presse zu hören. Frau Roth sei übel geworden.
Der Wirt ging von Tisch zu Tisch. Alle Gäste rühmten das Essen, Roths hatten wenig Appetit. Für deine Linie, August, kann es nur gut sein. Frau Roth wischte die Lippen mit der Serviette und stocherte hinter der Hand in den Zähnen. Theresa räumte die Tische bis auf die Gläser ab. Das jüngste der drei Kinder rannte ihr nach und verschwand hinter dem Tresen. An der Hand führte es Theresa zum Tisch zurück, und die Mutter brachte die jammernden Kinder zu Bett. Escher holte beim Automaten im Gang ein Paket Zigaretten, bot auch Herrn Roth eine an und erkundigte sich, ob eine Fahrt zum Schauplatz am nächsten Tag noch lohnend wäre. Hat es einen Sinn, daß wir hinfahren? Sicher, meinte Roth, schon dieser wild-romantischen Berggegend wegen.
Es muß aber doch etwas Bewegendes geschehen!
Ich wartete an eine Fichte gelehnt, bis das Zimmer Nummer 314 erleuchtet wurde. Im Park war es dunkel, der Weg zum Tor von milchigen Kugelleuchten erhellt. Die Halme näßten meine Zehen in den Sandaletten. Nach und nach gingen Zimmerlichter an. Und ich entdeckte den auf und ab wandernden Schatten Isabels. Sich reckende Arme warfen ein Kleid ab. Langsam ging ich über die Wiese zurück zum Hotel, streifte meine Kleider ebenfalls ab und legte mich aufs Bett. Das Fenster stand offen. Im Zimmer staute sich Hitze. Unter der Decke war mir zu heiß. Ein Körper, als würde ich glühen. Ich lag wach und lauschte auf den feinen hohen Ton der Grillen. Ab und zu heulte ein Auto vorbei. Und ich hörte das Knarren der Betten.
Mein Körper ist Verschwendung. Ich habe nicht einmal den Trost, daß irgendein Mann dieser Welt ihn vermißt.

Lieber Hans Rickli, es war einmal die Rede davon, daß wir Feldbetten unter einen Baum stellen und in der sternenreichsten, lauesten aller Sommernächte draußen schlafen. Du wolltest mir die Sternbilder erklären. Ich würde Deinem gegen den Himmel gereckten Arm nachsehen. Ich wußte genau, daß in der Ferne ein Hund heult, mit einem klagenden, lang anhaltenden Ton. Mit unserem Atem hebt und senkt sich die Welt.
So schön haben wir uns alles ausgedacht. Es war am Jahresabschluß-Essen, wir beide leicht betrunken. Und nun? Wir erfüllen die Erwartungen von andern.
Ich bin müde. Vielleicht das Alter. Vielleicht der Jammer über das, was ich erwartete und bekommen habe. Ich habe das Gefühl, mich mit jedem Tag zu vergeuden. Darf ich mir denn noch erlauben zu fragen «Was wird aus mir?»
Der entsetzliche Gedanke, man hätte schon alle Möglichkeiten vertan, mit Warten verpaßt. Blind und apathisch sei man dagehockt, statt aufzuspringen im richtigen Augenblick.
Ich wollte doch alles einmal gesehen, alles einmal erlebt haben. Die Fülle der Welt wollte ich fassen. Nun rinnt mein Leben dahin. Ich habe kaum Zeit, nachzudenken. Tag verschüttet Tag. So verschwindet ein Teil, vielleicht der wichtigste, ohne daß ich ihn wirklich wahrgenommen hätte. Mein Gewinn besteht nur aus Lebensjahren.

Ein Tag wie der andere. Der Himmel postkartenblau.
Ich gab die Hoffnung nicht auf, Isabel ohne ihren Richard zu treffen. Mir gefiel die Art, wie sie alles um sich vergessen und sich nur dem Augenblick hingeben konnte.
Ich war früh unterwegs. Das Tal lag unter Dunst. Mein Weg endete bei der Planungstafel, wo ein neues Dorf ent-

steht. Ein Bergdorf mit Hochhäusern, eigener Seilbahn, eigenen Sportanlagen, Tiefgaragen, Restaurants und Boutiquen im Untergeschoß. Stockwerkeigentum auch für Ausländer. Ein erster keilförmiger Betonbau ist in den Hang gebolzt.

Das Konsortium habe Konkurs gemacht, erzählte der Wirt. Er bedauerte es nicht, man stampfe kein Dorf aus dem Boden. Dorfleben, Atmosphäre, wenn man so will, entwickelt sich langsam. Stellen Sie sich dort eine Taufe vor oder eine Hochzeit, eine Beerdigung und dahinter ein Zug von Touristen. Ein Dorf ohne Friedhof ist kein Dorf. Ein Dorf ohne Geschichten und Originale ist kein Dorf. Die Teilnahme aller Bewohner am Geschehen, Schicksal, Gerede, das nenne er Dorfatmosphäre. Nicht diesen Tingeltangel des Verkehrsvereins im Dienste einer gut verdienenden Fremdenindustrie. Was die Planer dort aus dem Boden stampfen, ist ein Geisterdorf. Bewohnbar nur während der Hochsaison. Außer der Ferienzeit sind Läden, Gasthäuser, Sportanlagen, Wohnungen geschlossen. Leute, die einander nicht kennen, fahren manchmal hinauf, um nachzusehen, ob in den Wohnungen nichts fehlt.

Der Bauplatz am Ende der geteerten Straße gehörte zu meinem Rundgang. Die Sonne verglühte die Schrift der mächtigen Planungstafel. Diese Werbung für Wolkenkratzer über der aufgerissenen Alp, diese kolorierte Hoffnung war wie ein Sinnbild für Warten auf nichts.

Ich kannte die meisten Wanderwege, die Aussichtspunkte, die Ruhebänke des Verkehrsvereins, die Öffnungszeiten der Bergbahnen, den Postautokurs, die Haltestellen. Den meisten Fremden war ich schon begegnet. Ich wanderte immer allein, setzte mich in den Gasthäusern an einen freien

Tisch. Gegen Gesellschaft hätte ich nichts eingewendet, aber von mir aus suchte ich keinen Kontakt.
Isabel war die Ausnahme. Ich wollte sie unter einem Vorwand ansprechen. Vielleicht beim Essen. Zu allen Mahlzeiten kehrte ich ins Hotel zurück.
Mit Trippelschritten rannte ich hinunter zur Traxspur, von wo ich den Deltasegler über den Fels schweben gesehen hatte. Ich legte den Kopf in den Nacken und sah ins aufgesperrte Maul der Berge.
So will ich den Himmel nach meiner Rückkehr malen: ein blauer Rachen mit vereisten Steinzähnen.
Ich wünschte, von einem starken Wind in dieses Maul hinein gewirbelt zu werden. Und unten die kleinen Häuser in den kleinen Gärten, die kleinen winkenden Menschen.
Die Landschaft darf mir nicht zum Bildnis werden!
Ich drehte das Gesicht zu den hartgebackenen Pneurillen in der Erde und stapfte langsam zum Neubau hinauf. Maschengitter am Fels über der Straße hielten lockeres Schiefergestein zurück. An einigen Stellen war der Draht verbogen und zerrissen. Das Gestein konnte jederzeit aus dem Sicherheitsnetz brechen und mich mit in die Schlucht reißen.

Ich entdeckte Isabel an Tisch sieben. Sie hatten also das Zimmer, wie ich, mit Vollpension gebucht. Bisher hatte ich das Paar im Speisesaal immer verpaßt. Jeden Tag erschien ich zu einer anderen Zeit, in den Ferien trage ich keine Uhr. Theresa räumte schon die Teller ab. Ich nickte hinüber zu Tisch sieben, wo Theresa den Kaffee servierte. Isabel hob die Silbervase mit Blumen vom Tisch und senkte die Nase in die Blüten. Augen zwischen roten und blauen Anemonen schauten mich an.

Die Kinder der Gäste im «Alpina» marschierten unermüdlich, waren immer vor den Eltern am Ziel. Im Speisesaal lobten sie die müden Kerlchen. Das Ehepaar von Tisch eins hatte nicht vergessen, für die Kinder Geschenke zu kaufen. Malstifte und eine Schablone, nach der Tiere naturgetreu zu formen waren. Ein richtiges Pferd, einen richtigen Hund, eine richtige Katze würden die Kinder jetzt wie richtige Künstler zeichnen können. Aber dafür mußten sie ihre Namen verraten und dem Paar ein Küßchen geben. Roland, Anita und Oswin stellten sich sofort auf die Zehenspitzen und legten den Mund auf die entgegengeneigte Wange der Frau und des Mannes. Sie erinnerten das Ehepaar an die eigenen Enkel. Die Frau suchte in ihrer Handtasche Fotos und zeigte sie den Eltern an Tisch neun. Die riefen den Großvater der Abgebildeten an den Tisch. Zusammen stießen die Paare mit Wein auf ihre Bekanntschaft an.
Ein Kind lieb haben, ein Gefühl, das ich nicht kenne. Nicht alle Erfahrungen gemacht, dachte ich. Rede ich mir bloß ein, daß ich diese eine nicht vermisse?
Liebe Schwester Maria Rita, das Wort «Ehe» erinnert mich an Fessel, an lebenslänglich. Und wenn ich an die Mühe denke, mit der man mir das Stricken von Fersen und das Ristabnehmen beibrachte oder das richtige Betten, das richtige Blumeneinstellen, das Bemalen eines 36teiligen Porzellangedecks! Die genähte, gestickte, monogrammverzierte, bemalte Aussteuer ist ein Zeugnis für meine irregeleiteten Hoffnungen. Wie alle Institutstöchter wollte ich einen hübschen, intelligenten Kollegiumsschüler zum Mann. Wie alle plante ich zwei Kinder, Bub und Mädchen. Der Beruf war Übergangslösung. Die Ehe war das Leben. Das waren Kinder, eine Dreizimmerwohnung. Das war der Aufstieg des Ehemannes, seine Erfolge, seine Ehrungen.

Mit Lidstrichen wie Schwalbenschwänze brachte ich mich zur Geltung, zahllose Unterröcke rauschten, ich übte das Gehen in hohen Absätzen mit dicken Büchern auf dem Kopf. Jede Fortbildung im Beruf war Zeitverschwendung. Ich saß im Büro bloß die Ledigenzeit ab. Schnell als möglich in die Ehe: So lautete das Programm. Und dann klappte es nicht mit dem hübschen, intelligenten Mann oder mit mir oder mit beiden.

Keller führte Isabel durch den Speisesaal zum Ausgang. Ein netter Mann, sagte Frau Klein und warf drei Rosapillen in den Mund. Aber diese Frau! Ich trug meinen Kaffee zu Tisch drei, offerierte Frau Klein eine Tasse. Sie lehnte ab. Das Herz, sagte sie und legte die dicke Hand mit klirrendem Armband auf die Brust. Wie dieser nette Herr Keller das puppenhafte Ding aushalte. Frau Klein strich die Beschreibung eines Medikamentes auseinander, setzte die Lesebrille auf und zeigte mir das lateinische Wort der Krankheit, an der sie zu leiden glaubte. Mein Mitleid machte sie lebhaft, sie schilderte Symptome.
Theresa hielt Isabel nicht für die Ehefrau von Keller. Das Personal im Hotel «Alpina» spricht alle Damen mit dem Namen des Begleiters an. Isabel war Frau Keller, Madame.

Ich lief durch den Wald auf unbekannten Wegen. Auf dem Zickzackpfad stieg ich zu den Appartementshäusern auf. Man hat dort einen guten Überblick. Aus einem offenen Fenster schallten die Worte eines Sprachkurses. Deutsch, 34. Lektion, «Ich fürchte, daß diese Blumen nicht mehr frisch sind, fürchten Sie nicht, daß sie bald welken werden? Nein, ich befürchte dies keineswegs.»
Sich vorzustellen, daß Menschen so miteinander reden!

Aus dem untersten Fenster stoben Seifenblasen. Das Kind, das diese schillernden und platzenden Kugeln hauchte, war nicht zu sehen. Ein Mann keuchte über die Treppe. Auf der Schulter trug er ein Fahrrad, bockte es auf der Straße zu Boden und schwang sich darauf. Der Sportler, den ich kannte. Auf seinem Leibchen stand «Sleep with the best».
Im Gasthaus am See, fast alle Tische besetzt. Ich zirkelte um Stühle und ausgestreckte Beine, fand am Geländer einen Platz.
Alle Neueintretenden strebten in künstlicher Haltung zu einem Tisch.
Es ist schwer, sich vorzustellen, daß man übersehen wird, da man sich selbst so wichtig ist.
Ich lehnte den Kopf zurück, spannte die Stirn, damit die Kerbe zwischen den Augen nicht tiefer werde. Der Mann am Nebentisch betrachtete mich.
Moosgrün gesprenkelte Augen, ich erinnere mich, die Farbe des Sees. Der Mann gefiel mir. Ich wünschte, er wäre derjenige, der mich am Donnerstag in der Bar des Sporthotels erwartete. Ich nahm mir vor, der Einladung zu folgen. Es gibt tausend Gründe, einen netten Mann nicht zu versäumen. Ein angenehmes Gefühl, wenn diese Augen mich in der Menge suchten, mich fänden.
Und jetzt? Lächeln Sie zuerst, mein Herr, oder lächle ich? Wie überwinden wir die Distanz zweier Tische? Genügt ein Lächeln? Soll ich die Bluse aufknöpfen? Welche Gebärde erwarten Sie?

Ich begann zu schreiben.
Mein Herr, schmeckt Ihnen der Kaffee? Ich sollte vielleicht mit einer andern Frage in Ihr Leben treten, Ihnen mitteilen, daß Sie schon Ihre dritte Zigarette rauchen, Ihnen mei-

nen Aschenbecher hinübertragen oder den Aschenbecher vom Nebentisch. Ich habe in meiner Strohtasche nach Streichhölzern gesucht, aber nicht einmal die Werbestreichhölzer unseres Geldinstituts gefunden, mit denen ich Herren gewöhnlich Feuer anbiete und so dank der Weitsichtigkeit meiner Bank in deren Leben trete.
Sie haben schon wieder zu mir herübergeblickt. Bleiben Sie, ich bitte Sie!
Rauchen Sie eine vierte Zigarette, bestellen Sie diesen röstfrischen, aromatischen Kaffee. Genießen Sie die Aussicht. Wann hat man solche Berge in solcher Nähe?
Ich finde keine Streichhölzer.
Ich habe noch einmal in allen Fächern meiner Strohtasche nachgesehen. Nein, bezahlen Sie noch nicht. Was könnte Sie anderswo erwarten, das Sie hier im Begriff sind, zu verpassen?
Sie haben für Ihre Augen die Farbe dem See entlehnt. Das erstaunt mich, denn der Werbeprospekt für diesen Ort bietet nur die Fische gegen ein Gästepatent an.
Setzen Sie sich zu mir. Ich versuche, Ihnen all die Kleinigkeiten zu sagen, die Ihnen noch niemand gesagt hat, oder in einer anderen Weise gesagt hat. Diese winzigen Zärtlichkeiten schüttle ich wie bunte Steine zu einem neuen Bild von Ihnen auf dem Grund Ihres Kaleidoskops. Gehen Sie nicht! Gleich bringe ich diese Ansichtskarte an Ihren Tisch. Bitte rücken Sie den Stuhl nicht zurück. Bitte!
So gehen Sie! Gehen Sie rasch! Sie haben mir lange genug Sonne verdeckt, Aussicht versperrt und mich von andern Gästen abgelenkt. Hochachtungsvoll, die Frau, die Sie eben verpaßten.
Wanderer in schweren Wanderschuhen nahmen sofort den Platz des Mannes ein. Ich steckte die Karten in die Tasche.

Schreiben und Schweigen, mein Tun kam mir jämmerlich vor. Schreie einer Stummen. Und ich bin doch nicht stumm.
Man rückte Tische zusammen. Die Kellnerin, unentwegt Bestellungen notierend, bemerkte nicht, daß vier Tische sie in ein Viereck schlossen. Sie kritzelte auf grauweiß gestreiftes Papier, wie es für Computer benützt wird. Endlich bemerkte sie, daß sie eingeschlossen war, lachte auf und kroch, den Bestellblock in der Hand, unter den Tischen durch. Die Wanderer redeten laut und lachten oft.
Über den See schauend, hörte ich mit.

Daß ich noch neugierig sein kann! Ich, eine Befehlsempfängerin.
Neugier verhindert den Kult von Schmerz, Neid und Bitterkeit. Neugier drängt vorwärts. Lisa, ich gratuliere. Lisa, ich bin stolz auf dich. Kopf hoch! Und ein hohles Kreuz!
Keine Beweihräucherungen mehr. Mir wird übel.

Lieber Zettelschreiber, die Tage schleichen. Ich lebe auf den Donnerstagabend hin.

Wir möchten von der Sonne profitieren, sagten zwei Wanderer, überließen ihren Stuhl andern Gästen und reichten der Tischrunde die Hand. Sogar von der Sonne wollen diese Schweizer profitieren, what a shame. Die Männer lachten. Wir sagen das, weil nicht jeden Tag Sonne scheint. In den Ferien möchte man so oft wie möglich draußen sein. Wir haben noch viel im Programm.
Sie haben in den Ferien ein Programm?
Gerade in den Ferien. Da möchte man möglichst die ganze Bergkette, alle Sehenswürdigkeiten möchte man, und na-

türlich will man einmal die Leistungsfähigkeit des eigenen Körpers, die Grenze, verstehen Sie?
Ich war oben, und ich war unten, jetzt mache ich die Mitte.
Ich habe alles im Fotokasten drin.
Die Wanderer polterten über die Bohlen.
Ich legte Münzen auf den Tisch und spazierte zum «Alpina» hinauf.

Auf dem Rücken in der Wiese liegend, unter jagenden Wolken, glaubte ich rascher und rascher rückwärts zu fallen.
Rutsche ich aus der Welt?
Deine Vorstellungen! dear Lisa. Hinter mir, schrieb Mr. One, liegt ein Leben mit Handlungen und Abenteuern. Und das Leben, das ich, das wir beide vor uns haben, wird ebenso sein. Vergiß nicht, das Leben übertrifft die reichste Phantasie. Alles, was wir erdenken, kann nicht annähernd so einfallsreich und seltsam wie die Wirklichkeit sein.

Die Kinder im Park zeichneten nach Schablonen Tiere.
Male für mich das Schlaraffenland, Anita!
Das Kind war ratlos, das Schlaraffenland gab es nicht auf seiner Schablone.
Dann male mir ein Schlaraffenland, wie du es dir vorstellst!
Ich will jetzt aber die Kuh auf dieser Schablone zeichnen.
Trotzig beugte sich das kleine Mädchen über sein Zeichengerät und führte den Bleistift den ausgestanzten Linien entlang.
Einen Föhrenzapfen vor mich herschiebend, wanderte ich im Park auf und ab, die gläserne Drehtür immer in Blickrichtung.
Ich wartete auf Isabel.

Eine Stunde später war ich mit ihr unterwegs.
In ihrem langen Gewand huschte sie über den Platz. Glitt zum Tor wie auf versteckten Rollen. Ich eilte zum Auto und fuhr in die Richtung, in der ich Isabel verschwinden sah. Bei den metallenen Sammelbriefkästen im Wald holte ich sie ein, öffnete die Tür und Isabel setzte sich neben mich. Wir fuhren durch den Wald. Musterten einander von der Seite. Fahrtwind ließ unser Haar flattern. Ich beschleunigte, die Räder kreischten in der Kurve, ich erschrak und nahm den Fuß vom Gas.
Das rote Auto im grünen Weinberg: die lebendigsten Farben. Ich stellte mir das Bild vor. Zwischen dem Laub das aufblitzende Blech. Zwei fast nicht erkennbare Figuren hinter spiegelnden Scheiben.
Ich suchte nach dem ersten Satz. Widerstandslos überließ Isabel sich den Bewegungen, leise schaukelte ihr Kopf. Mir fiel das Weiß des zurückgebogenen Halses auf.
Wie diese Haut einen Mann zur Berührung verlocken muß. Er streckt die Hand aus und legt seinen Finger auf die pochende Ader.
Wohin willst du? fragte ich. Dahin! sagte sie und deutete in Richtung der Sonne. Sie legte den Nacken aufs Polster, überließ sich dem Schwanken und Drehen und Holpern auf diesem engen, gewundenen Weg. Ein Spiegel an einem Steinhaus im Weinbauerndorf zeigte freien Weg. Zwei Frauen mit Milchkesseln drückten sich an eine Mauer. Ihr Blick war neugierig oder feindlich.
Wo ist dein Herr Keller?
Er war nicht ihr Herr Keller. Weder Mann noch Vater noch Freund. Einfach ein Mann. Sie brauche einen Menschen, der auf sie aufpasse.
Isabel brachte den süßen Duft indischer Räucherstäbchen

mit in das Auto, das vorher nach Kunststoff gerochen hatte. Sie sah mich unentwegt an. Ich fuhr aus mit zwei riesigen Augen in einem durchsichtigen Gesicht. Zögernd antwortete sie auf meine Fragen, es schien, daß sie immer nur eine Sache tun konnte. Jetzt hatte ihr Körper den Bewegungen des Autos zu folgen. Jetzt mußte sie mich mustern. Jetzt fielen ihr die beiden Frauen auf, und sie hatte sich nach ihnen umzudrehen.
Isabel war zweiunddreißig Jahre alt, geschieden, hatte eine vierzehnjährige Tochter. Mehr fand ich an diesem ersten Nachmittag nicht heraus. Ihr Leben, behauptete Isabel, sei nicht erwähnenswert, wo und wie sie wohne nicht erwähnenswert, was sie tue nicht erwähnenswert, wie sie wirklich heiße nicht erwähnenswert.
Sie zog das lange Haar über ihr Gesicht, manchmal nenne ich mich Sarah.
Und ich nenne dich Isabel. Ich habe dich für jünger gehalten: ein Mädchen.
Ist das wahr? Sie forschte in meinem Gesicht. Ich suchte Musik im Autoradio.
Bleibt jemand, der keine erzählenswerten Erlebnisse hat, nicht immer ein Mädchen?
Sie schwieg und schwang den Kopf zur Musik. Das Haar fiel ihr übers Gesicht. Ein Traktor blockierte den Weg. Auf dem Anhänger zwei Frauen mit Kopftüchern. Der Holzkarren rüttelte ihre schweren Leiber. Bis zur nächsten Ausweichstelle fuhr ich im Schrittempo hinter ihnen her. Erzähl von dir, sagte Isabel und schmiegte ihr Wange ans Kopfpolster.
Die Arbeit bei der Bank war in die Ferne gerückt. Auch die Wohnung. Ich habe sie mit Sorgfalt eingerichtet, sie ist immer bedeutungsvoller geworden.

Ich brauche Sicherheit. Ich bewundere Menschen, die von der Hand in den Mund leben. Ich würde krank vor Angst. Ich muß mir alle Geborgenheit selber geben. Oft frage ich mich, ob meine behagliche Umgebung die Liebe ersetzen muß, die ich überall suche und nie in dem Maß finde, wie ich sie wohl brauche. Alle Liebe, die man mir entgegenbrachte, hat meinen Hunger nicht gestillt. Vielleicht fürchte ich das Wagnis, alles für einen andern zu sein, oder einen andern alles für mich sein zu lassen. Und doch bin ich immer in irgendjemand oder irgendetwas verliebt. Jetzt in diese Fahrt durch den Rebberg, in diese Farben, diese Sonnenwärme, dieses Zusammensein. Eine Ewigverliebte, Isabel.
Ich neigte mich übers Steuerrad, um auf der Stopplinie den Verkehr auf der Hauptstraße besser überblicken zu können. Eine Reihe Wagen zischte vorbei, ehe ich vom Nebenweg einbiegen konnte. Isabel zog Haarfäden aus ihrem Mund.
Man verliebt sich, und schon wird es schwierig, sagte sie.
Ihr erster Eindruck von mir, eine kindliche Frau. Dann habe sie mich mit diesen raschen festen Schritten den Speisesaal durchqueren und mit Theresa Menü und Wein bereden sehen. Sie nahm an, ich wäre in Hotels heimisch oder auf Flughäfen oder in Eßlokalen. Ihr sei der Vergleich mit den stillen Wassern eingefallen.
Ich lachte, das finde ich aber merkwürdig, daß ich kühl und kindlich und stilles Wasser und weißgottwas sein soll.
Wir bogen nach der ersten Hochhaussiedlung ins Industriequartier am Fluß, erreichten bald den Stausee. Im italienischen Grotto standen lange Tische unter den Kastanienbäumen. Girlanden mit farbigen Glühlampen hingen von Ast zu Ast. Zwei Paddelboote glitten nebeneinander am Ufer vorbei. Im nahen Strandbad klatschten Körper aufs Wasser, Kinder tobten.

Die Gäste saßen im Schatten, einige mit Badehosen bekleidet; sie aßen Salate und Aufschnitt. Unsern Wein brachte ein junger Kellner.
Sie verwickle sich immer in Tragödien, erzählte Isabel. Sie schaute bald schamlos interessiert, bald verächtlich und rühmte laut die Schönheit des Kellners, der immer wieder zu unserem Tisch zurückkehrte, an der Kastanie lehnend mit Isabel scherzte; trotzdem nie vergaß, den Betrieb zu überwachen.
Einem Alten fiel der Stock in den Kies. Mit zitternden Beinen bückte er sich. Isabel sprang auf und drückte ihm den Stock in die Hand. Sie lachte den Alten an und hauchte ihm einen Kuß auf die Wange. Verstört und erschrocken stand er vor unserem Tisch, rieb den Daumen an der Westentasche. Im Weggehen brummelte er.
Isabel erzählte vom Tod eines Freundes und bekreuzigte sich.
Sie sei nicht gläubig. Rituale verstärken ihre Gefühle. Sie braucht künstliche Erregung, den Rausch. Starke Gefühle beweisen ihr, daß sie und ihre Umgebung das Leben erleiden.
Eine Weile saß sie still da, den Kopf abgewendet.
Ich könnte weggehen. Sie würde es nicht bemerken. Ich trank meinen Wein und sah schweigend aufs Wasser. Ein Knabe streute Brotstücke. Isabel eilte zu dem Kind und drehte sich mit ihm um den Kastanienbaum. Ich starrte zu den Spatzen, die über den Kies hüpften. Sie inszeniert ein Schauspiel, fuhr mir durch den Kopf. In kürzester Zeit hatte sie Aufmerksamkeit erregt, schien sich dabei wohl zu fühlen. Vielleicht nahm sie an, ohne die Gunst eines Grottos zu unscheinbar, zuwenig liebenswert zu sein? Die Gäste starrten herüber, es war mir unangenehm.

Der Kellner servierte eine zweite Flasche Weißen.
Tropfen zogen sich auf der kühlen Flasche zusammen. Isabel streckte die Hand nach dem Nacken des Kellners.
Ist dieser Mann nicht schön, Lisa? Möchtest du ihn?
Nein, sagte ich, heftiger und härter als beabsichtigt. Sie war überrascht und schwieg.
Einem andern einen Menschen anbieten, für eine Arbeit, eine Nacht, eine Umarmung: Es ist widerlich. Oft genug war ich die Angebotene und entdeckte Übereinkunft im raschen Blick zweier Freunde.
Der Kellner nahm die Kassazettel vom Tablett und zerriß sie. Er fragte nach Namen und Adresse. Freundlich lächelnd nannte Isabel den Namen «Sarah». Sie beugte sich über den Tisch und flüsterte: Ein Jammer, daß du ihn nicht haben willst. Wir gingen zurück zum Auto. Der Kellner rief, sie kümmerte sich nicht um den Mann.
So dahinfahren, Isabel. Leute mit Überkleidern und hastende Hausfrauen mit schweren Taschen, aber wir dürfen unterwegs sein.
Grellfarbige Kisten türmten sich in den Rebbergen, wo bunt gekleidete Menschen hin und her gingen. Vollbeladene Traktoren holperten aus den Seitenwegen. Am Fluß drehte sich der Rauch aus den Hochkaminen. Die Fabrikgelände waren von Kleinwagen besetzt, eine Sirene läutete und Leute drängten aus dem Tor.
Das Dorf, Isabel.
Die letzte Kurve im Fichtenwald. Die beiden Säulen am Eingang zum Park. Wir waren am Ausgangspunkt. Mit der Drehung des Schlüssels starb der Motor. Wir blieben sitzen, Isabel über ihre Knie gebeugt, an den Sandalen nestelnd. Ich lehnte ins Polster zurück, gelähmt über das Ende der Fahrt.

Werden wir uns wieder treffen? Ich raffte Isabels nach vorn gefallenes Haar zusammen und suchte Zustimmung in ihrem Gesicht. Die Wange an meiner Hand, verharrte Isabel. Plötzlich schlüpfte sie aus den Sandalen und ohne noch einmal zurückzublicken, rannte sie mit flatterndem Gewand über den Parkplatz zum Hotel, wo Keller vor dem Eingang auf- und abging.
Im einzigen besetzten Liegestuhl schlief Frau Klein mit offenem Mund, auf den Schenkeln die kanariengelbe Strickarbeit. Die herabhängende Wollschlinge schaukelte im Wind. Die Frau schien kaum zu atmen. Ich stellte mir vor, die Person mit rundem Wangenrot und Brombeermund wäre eine zu auffällig geschminkte Tote. Wind weht die blonden Löckchen um ihre Stirn. In wahnwitziger Hoffnung hat diese vom Tod Gezeichnete das Haar platinblond färben lassen. Als wären Alter und Tod zu überlisten. In der Zeitung ihrer Region steht: vom Tod ereilt / ein kurzes Aufleben in einem Kurort / ein letztes kraftvolles Aufbäumen / es war ihr vergönnt, noch ein einziges Mal einen schönen Sommer zu erleben. Daneben das Bild der Verstorbenen.
Ich ging zurück über die gemähte Wiese. Schatten von zwei Vögeln fuhren über die verblassenden dürren Halme.
In meiner Erinnerung stöberte ich nach einer Aufnahme, geeignet für ein Totenbild. Der Jahresbericht der Bank fiel mir ein. Es gibt darin ein Farbbild der Schalterhalle. Zur Belebung hat der Fotograf Blumen und mich in die Halle gestellt. Als Kundin werbe ich, mit Bankprospekten in der Hand, für das Geldinstitut.
Ein Totenbild, das zu meinem Leben paßt: LP, hingepflanzt in eine Schalterhalle. Eine bunte Seite in einem Jahresbericht. Eingefügt zwischen Zahlenreihen. Ich, die im

Leben eine Kassahilfe war. Könnte das für jeden Zweck verwertbare Paßbild Genaueres über mich aussagen?

Aber man lebt.
Man geht im Strom und Gegenstrom.
Man ist eingegliedert in die auf- und niederwogende Menge mit Spazierstöcken und Rucksäcken und Kameras. Eine Fremde auf der Suche nach einem Souvenir oder einem Platz in einem der vielen, weit über die Gehsteigmitte gestuhlten Straßenkaffees. Auf Auslagen starrend oder auf den Verkehr oder zu den bepflanzten Kupferkesseln unter Giebel und Balkonen verfing ich mich in Kleidern, die von den Sonnenstoren der Geschäfte herunterhingen.
Meine eigene Bewegung in diesem Hin und Her auf der Straße machte mich heiter. Alles verschwamm. Farben und Formen tauchten vorüber, die an- und abschwellenden Geräusche waren Begleitmusik. Ich hatte das Gefühl, mühelos meine Richtung ändern zu können.
Ich mußte daran denken, daß ich bald wieder dem Hauptkassier gegenübersitze. Keine Fragen. Kein Ferienbericht. Wir reden nur geschäftlich.
Ferienende ist Jahresanfang. Eintritt ins Auge der Sicherheitskamera. Am Abend trete ich auf die Straße. Man spürt die sonnenwarmen Mauern. Zwei Spieler verschieben Schachfiguren, Zuschauer stehen ums Schachfeld, ratend, überlegend, eine Hand auf dem Rücken oder einen Finger über die Lippen gekrümmt.
Ich habe den Eindruck, ich, die Angestellte, sei während der Arbeitszeit bei der Bank abgestellt gewesen, hätte mich dort deponiert. In Wellen erreicht mich der Duft von Lebensmitteln. Hell klopfen die Schuhe auf dem Kopfsteinpflaster. Das Netz mit Früchten, Milch und Brot schlägt

beim Gehen an meine Schenkel. Hallo, sagt einer mit Malutensilien unter dem Arm. Daß man dich wieder einmal trifft. Ich habe den Namen des Malers vergessen, erinnere mich, daß er wegen Dienstverweigerung einige Monate im Gefängnis saß. Im Straßenkaffee erzählt er von seinen Bildern. Die Frau spielte darin eine bedeutende Rolle. Immer wieder die Frau. Ich muß lächeln, weil er mich lange anschaut und ich mir seinen Jünglingskörper vorstelle. Er ist halb so alt wie ich. Ich wollte ihm ein Paket schicken und habe es dann doch vergessen. Jetzt ist er schon wieder draußen. Für ihn hat es lange gedauert. An mir floß die Zeit ab. Am Feierabend hole ich in einer halben Stunde einen Tag nach, habe Lust, alles zu sehen. Ich betrachte das Muster an den runden, weit auskragenden Giebel, tauche den Arm bis zum Ellbogen in den Brunnen und muß daran denken, daß ich jemand mit diesem Brunnenwasser bespritzte. Er setzte mir seinen großen Hut auf und band mir die Wollschärpe um. Dann zog er mich zum Friedhof, wollte unbedingt mitten in der Nacht ins verlotterte Leichenschauhaus. Ich sperrte mich und zerrte ihn ins beleuchtete Städtchen zurück.

Den ganzen Tag im Geschäft, freue ich mich auf den Augenblick, da ich den Briefkasten leere. Die Briefe von One sind angenehm zu lesen, aber er ist nicht fähig, seine Entwürfe von unserem Leben zu verwirklichen. Griechenland mußte er wegen Zeitmangels absagen, Stockholm ebenfalls, auch die Kreuzschiffahrt. Soll ich ein Egoist sein und tun, was ich will, dear Lisa?

Auf seine Fragen fallen mir keine Antworten ein. Ich kenne seine Frau nicht, habe sie aus meinen Gedanken gestrichen, so kann ich besser mitträumen. Ones verrückte Vorschläge bereichern mein Leben. Er wird nie ein Versprechen einlö-

sen. Aber es genügt, mir das Leben mit ihm vorzustellen. Ich möchte Vaters kleines Mädchen sein, geführt und geborgen. Er schreibt, er plane und handle für mich. Ich müßte mich ihm nur anvertrauen. Aber ich will mein Leben selbst gestalten.
Lieber One, schicke mir all meine pathetischen Briefe zurück oder übergib sie der Vernichtungsmaschine. In meinen Briefen stimmt ein einziges Wort: Luftpost.

Im «Alpina» trugen die Gäste an diesem Mittag leichte Kleidung.
Er habe sich verbessert, erzählte Direktor Roth, er habe sich in diesen Ferien um zwei Sekunden gesteigert. An den ersten Tagen benötigte er 1,46 Minuten für dieselbe Strecke, für die er jetzt 1,44 Minuten benötigt.
Er spricht nicht von einer Maschine, er spricht von sich. Den geschwollenen Imponierknollen am Arm muß ich nicht befühlen, es genügt, wenn ich den Spitzenleistungskörper durch den Trainingsanzug ahne.
Seine Frau kraulte sein im Nacken abstehendes Haar. Sie bestätigte seine gute Zeit. Sie habe am Ziel gewartet, die Quarzuhr in der Hand.
Was tun Sie mit den gewonnenen Sekunden?
Meine Frage zeigte, daß ich den Mann nicht verstand. Frau Roth lachte und klopfte heftig die Serviette auf die Schenkel. Das Paar wandte sich der Suppe zu. Ich stieß meinen Teller zur Seite und breitete zwischen dem Besteck die Karten aus.

Mein Hundertstelsekundler, ich gratuliere. Für diesen fetten, durchtrainierten Körper sind zwei Sekunden Bewunderung nicht zuviel. Aber Sie werden nicht erwarten, daß ich

einen Lorbeerkranz zu Ihrem Tisch hinübertrage. Ich gehöre nie zu den Allertüchtigsten. Sie aber gehören zur großen Gemeinschaft im Trainingsanzug, fluten durch Wälder und Straßen, unterscheiden sich in der Zeit, die Sie für dieselbe Strecke brauchen, in den Farben des elastischen Stoffs und natürlich in den seitlich eingewobenen Streifen. Ihre letzte Geste ist stets das Hochreißen des Handgelenks, wo die viereckige Zahlenreihe übers Zifferblatt springt.
Soll man weinen oder lachen?

Um mich schabten sie Teller leer. Theresa rannte in Korkschuhen übers Parkett. Ich schrieb.

An Tisch eins bis zehn. Meine Damen und Herren, hat mich gefreut, Ihre Bekanntschaft zu machen. Ich muß Ihre überaus angenehme Gesellschaft nun verlassen. Mein Wunsch, jetzt gesunde reine Bergluft zu atmen, ist zwingend.

Zettelschreiber! Sie erwarten mich? Sie überschätzen meine Neugier. Ich könnte in diesem Augenblick, da alles um mich schmatzt, keinen ertragen.

Ich ging hinunter zum See und stellte mich zur Schwangeren, die ins Wasser schaute.
Eine Welt in grünem Flaschenglas.
Die Schatten der Wipfel kräuselten im Wasser. Auf dem Grund grünbraune, pelzige Steine, und im angerissenen Himmelsblau auf der Wasserfläche zwei schwankende Frauen.
Wir tanzten da leicht und mühelos, waren nichts als eine fließende Bewegung. Mein Bauch wölbte sich, wie der

Bauch der Schwangeren. Wir dehnten und bogen uns durchs Wasser. Als wäre das alles, was diese Kinder in unserem Leib im Leben einmal zu beherrschen brauchten.
Keine Fische, sagte ich.
Trotzdem schaue sie gern ins Wasser, sagte die Schwangere. Die Hitze heute sei unerträglich. In der Nähe schaufelte ein Bub Kaulquappen in ein Lastauto aus Plastik; vor Eifer merkte er nicht, daß seine Hosen sich näßten. Mir wird übel, sagte die Schwangere und packte meinen Arm. Der gewölbte Bauch sank mir entgegen. Ich versuchte, die Frau zur Bank zu führen. Ihre Füße drehten sich im Gras und langsam glitt der schwere Körper an mir herab. Ich wagte nicht, die Ohnmächtige auf den Boden zu legen. Ihr hängender Kopf hätte aufschlagen können. So saß ich, den leblosen Körper haltend, einfach am Ufer. Keiner der Spazierenden kümmerte sich. Ich fragte mich, was sie denken mochten: zwei Frauen, sich umarmend im Gras. Ich hielt eine Hilflose und wußte mir nicht zu helfen. Der Bub nebenan schüttete nun die Ladung in seinem Lastwagen in den See, kauerte sich hin und stocherte im Wasser. Die Schwangere in meinem Arm bewegte den Kopf. Ich führte sie zur Bank.
Ihnen ist übel geworden.
Das erstemal, beteuerte die Frau und entschuldigte sich. Hoffentlich habe ich kein Aufsehen erregt? Es war wie ein Ruck, erklärte sie. Eben noch zu Hause, habe sie sich nun am See wiedergefunden. Seltsam, wenn man aussetzt, sagte sie.

Dieser anfällige Körper! Das Herz setzt aus, der Verstand, die Vernunft. Ein Menschendefekt ist peinlich, ein Maschinendefekt nur ärgerlich. Viele Kollegen zeigen mehr Nach-

sicht und Interesse für das Aussetzen einer Maschine, als für die Schwäche eines Kollegen, hat Frau Humm gesagt.
Wenn plötzlich alle Apparate in unserem Gebäude aussetzten?
Diese Frage stelle ich mir oft, wenn am Morgen Licht eingeschaltet und alle Geräte in Betrieb gesetzt werden. Die Angestellten beginnen dann auf Bildschirme zu starren, warten auf Ausdrucke von Daten, auf belichtete Akten, auf Rohrpost, auf Briefumschläge an der Frankier- und Brieföffnungsmaschine, auf nudelschmal geschnittene Belege am Aktenvernichter.
Warten vor Maschinen. Wie Unerlöste.
Wenn der Strom unterbrochen würde? Es gibt ein Notstromaggregat. Wenn der Computer spukt?
Die Maschine funktioniert immer richtig. Nur der Mensch versagt.
Ein großartiges Maschinchen, nannte der Techniker den neuen Computer. Die Erleichterungen, die er uns bringt! Die Zeit, die wir gewinnen! Und die technischen Möglichkeiten, die er uns eröffnet. Wir können rationalisieren, wir arbeiten billiger und werden konkurrenzfähiger. Die Sparkassenabteilung konnte mit der Kassenabteilung verschmolzen werden. Ein Prokurist und eine Angestellte wurden in einer anderen Abteilung untergebracht.
Morgen trifft es das Visum LP. Und möglicherweise gibt es keine Abteilung, in der noch ein Visum benötigt wird.
Man spürt die Angst. In der Kaffeepause sprechen die Kollegen nicht offen darüber. Man redet immer seltener offen, bilde ich es mir nur ein, Alexandra?
Sie weiß es nicht, sie hat nie darüber nachgedacht.
Alle sind entschlossen, exakter zu arbeiten, weniger Ungenauigkeit von andern Abteilungen zu dulden. Man ruft

den Fehlbaren an, schickt ihm per Rohrpost die Arbeit zur Korrektur zurück. Der Schuldige lauert auf den Augenblick, da er dem andern einen Fehler nachweisen kann. Jeder ist des andern Kontrolleur.
Liebe Kollegen, wir werden ein Heer von Pedanten, ohne jede Großzügigkeit, ohne jeden Charme. Glauben wir vielleicht, uns dadurch unentbehrlich zu machen? Wie machen sich denn von Reglementen Beherrschte unentbehrlich? Wir sind alle entbehrlich. Unentbehrlich sind Statistiken, Formulare, Code-Nummern, der Maschinenpark.

Um sieben frühstückte ich. Eschers hatten schon einen Spaziergang hinter sich. Waren schon im See geschwommen, hatten schon den Vita-Parcours gemacht. Den Sonnenaufgang aller Sonnenaufgänge erlebt, den Marsch aller Märsche. Escher, der Lastwagenfahrer, schrie Frau und Tochter aus dem Park. Morgens um vier Uhr stehe er auf, auch in den Ferien. Die innere Uhr. Ich kann nicht länger schlafen. Um halb fünf ist Arbeitsbeginn. Auch Frau und Tochter seien Frühaufsteher, haben sich den Morgen anerzogen. Mit zusammengepreßten Knien saßen sie an Tisch sechs. Kaffee, Papa? Butter, Papa? Nimm du das letzte Stück Brot, Papa.
Der Speisesaal war fast leer. Wie man jetzt noch im Bett liegen kann, sagte Escher durch das Blattgrün zwischen unsern Tischen. Schade um den Tag. Schade ums Geld. Aber es ist doch nicht unser Geld, Papa.

Ich trat auf die Grenzlinie des Sonnen- und Schattenfelds. Die gegenüberliegende Bergseite blaß und verschwommen und ohne Tiefenwirkung. Für ein Werbebild des Verkehrsvereins wäre sie nicht in Frage gekommen. Mir gefiel diese

Künstlichkeit; Berge wie hingetupft. Ich stellte mir vor, als Deltasegler in den Dunst zu springen.

Auf meinem Rundgang begegnete ich Eschers. Im derben Schuhwerk, in Windjacke und Schildmütze hatte ich die Familie nicht gleich erkannt. Mit langen Schritten holten sie mich ein, Escher schlug mir auf die Schulter.
Nächstesmal zahlen Sie einen Liter. Sein gewaltiges Lachen. Wir umgingen die Baustelle, der Arbeiter auf dem Dach wartete, bis wir den Gehsteig erreichten, legte wieder Ziegel auf die Rutsche. Von der Sonnenstore des Souvenirgeschäfts hingen Bauernkopftücher. Frau Escher und ihre Tochter kauften dasselbe Tuch. Die Preise in diesem Dorfteil seien unverschämt, fand die Tochter. Man müsse sich diese Dinge schenken lassen. Was wir benötigen, entgegnete Escher, können wir bezahlen. Was wir nicht bezahlen können, benötigen wir nicht.
Wir bummelten den Schaufenstern entlang. Hinter ausgestellten Pelzen stand reglos eine Verkäuferin, preßte einen Ohrklip fest, blickte dabei über uns weg.
Das Glas spiegelte das Straßenstück, spiegelte die Antriebsmaschine, die am Straßenrand tuckerte und rauchte. Beide Hände fest um den Griff, setzte der Arbeiter die stählerne Spitze auf den Kreidestrich und stellte das Gerät senkrecht. Der Boden dröhnte. Die Schläge jagten durch die Fäuste des Mannes, und alles an ihm begann zu schlottern: das Überkleid, der Schutzhelm, die Lampen an der Absperrung, selbst mein Leib vibrierte, und im Schaufenster glitten die Pelze in Wellen vom Korpus, sanken langsam in sich, weiche flauschige Knäuel. Fenster wurden geschlossen. Unbeirrt preßte der Arbeiter das knatternde Gerät mit beiden Fäusten nieder, bolzte die Straße auf von Kreidestrich zu

Kreidestrich; der Helm ruckte ihm über die Augen. Ich starrte aufs Schaufensterglas und sah die signalroten Überhosen ruckend über die Hüften des Mannes rutschen und sich in Falten auf die staubgrauen Schuhe legen. In meiner Scheibe stand ein nackter Mann am Bohrgerät. Alles an ihm schlenkerte, peitschte, wackelte. Stand da, dieser Mann, mit zwei Fäusten das Gerät umklammernd, durchgeschüttelt, durchgewalkt, sah von den stöckelnden Absätzen der Sommergäste zur Spitze seines Bohrers, rammte den Boden, sprengte ihn in viele Teile und wußte nichts von Lisa Plüß, die scheinbar Pelze betrachtete und seine Nacktheit sah. Der Arbeiter preßte die Bohrspitze unter eine Platte, brach sie aus dem Asphalt und schob sie mit dem Fuß zur Seite. Scherben türmten sich. Das Gerät fraß sich die Straßenmitte entlang. Escher hatte sich längst dem Straßenarbeiter zugewandt. Ich sah aufs Glas.
Nie im Leben wird man einen Mann wirklich nackt den Asphalt aufbohren sehen, schade, daß man dieses Schunkeln, Baumeln und Haspeln seines Gliedes nie erleben darf. Zum Schein interessierte ich mich für die Pelze im Fenster; flaumige Hüllen, geschaffen, meinen Leib zuzudecken, warmzuhalten, mich einzuhüllen. Ja, sagte ich zur Tochter Escher, der langhaarige Pelz gefällt auch mir. Ja, ein Jahresgehalt. Und für wie wenige Winter. Sie neigte ihr Ohr an meinen Mund und nickte. Ich bin hungrig, schrie Escher. Wir auch, schrien seine Frauen zurück.

Ich habe Isabel verpaßt.
Das Gedeck an Tisch sieben wurde von Theresa abgeräumt.

Sofort nach dem Mittagessen marschierte ich zum Höhenweg hinauf. Durch die Zweige sah ich in der Tiefe das Glit-

zern der drei Seen. Die bebenden Flitterplättchen wurden weggeschoben, türmten sich trotzdem nirgends auf und erneuerten sich ohne Unterlaß. Verschiedene Wege zweigten zu verschiedenen Zielen. Markierungen auf Bäumen und Steinen wiesen die Richtung.
Ich habe das Gefühl für die Zeit verloren. Manchmal scheint mir, sie vergehe ohne mich.
Was habe ich erwartet? Es gibt die Wiesen, gibt die Bergseen, den Harzgeruch, die Gipfel, den Himmel und eine darüber kugelnde Sonne.
Es gibt an diesem Ferienort kein Ausweichen. Man kreuzt sich. Man lächelt sich zu. Man hätte sich vielleicht gar an denselben Tisch gesetzt und familiäre Gespräche geführt.

Herr Präsident, ich muß Ihnen mitteilen, daß Ihre geschnitzten Wegtafeln an den Bäumen etwas vom Kitschigsten sind, das ich je gesehen habe. Ich verliere die Lust auf derart verschnörkelte Richtungen.

Die Einladung ins Sporthotel fiel mir ein. Ich wußte noch immer nicht, wer den Zettel an die Scheibe geheftet hatte.
Es gibt niemand, den ich zu treffen wünsche. Wozu Gefühle anheizen? Eine in mir bleibt Zuschauerin.
Begegnungen rührten oft nur wie von Ferne an mich. Ich sah den Mann und mich in unserer Umarmung. Dies ließ mich die Berührung wie einen Traum erleben.
Stöcke und Schuhe vieler Wanderer hämmerten über den trockenen Boden. Ich stolperte vorwärts.
Wahrscheinlich weil mir Möglichkeiten, aber nie ein Ziel vorschweben. Ich hasse es, nach einer Karte zu gehen, Pläne zu machen, mich einer Gruppe anzuschließen. Ich hasse den Taschenkalender meiner Bank, die Mahnzettel des Arz-

tes, Versicherungsformulare, Verträge, Verpflichtungen. Ich hasse mein Bedürfnis nach Sicherheit.
Das Leben, in das ich hineingezwungen bin, geht gegen mein Gefühl. Wie schön Mr. One schrieb: Willst Du Deine Freiheit mit mir teilen? Wollen wir zusammen frei sein? Statt nach der Uhr will ich, wie Du, nach der Sonne gehen.
Eine Mauer um sein Traumgrundstück, einsam auf einem Berg, soll diese Freiheit schützen, kein Zutritt für Fremde.
One fand, ich lebe wie ein Tier. Er meinte, wenn er sein Leben noch einmal beginnen könnte, wenn er in seinem Alter die Kraft dazu hätte, sein Amt abgeben und sich von seiner Familie lösen könnte, möchte auch er leben wie ein Tier. Anderseits schrieb Mr. One, ich mache Fortschritte, jetzt stehe auf meinen Briefen ab und zu ein Datum. Er sei froh. Ich möchte wissen, an welchem Tag Du welche Gedanken und Stimmungen hattest.
An Arbeitstagen kenne ich das Datum. Ich tippe es hundertmal auf Formulare.

Nach zehn Uhr wird die Post mit dem Datum des nächsten Tages versehen. Diese Belege werden am andern Tag gebucht. Wie oft blicke ich zur Uhr? Würde die Sicherheitskamera mein der Uhr zugewandtes Gesicht filmen, man müßte tagelang nur diese eine Bewegung betrachten.
Um 11.59 Uhr warten wir an der Tür auf das Umklappen der letzten Minute. Die Angestellten drängen hinaus, holen im Kellerraum Mäntel und Taschen aus ihrem Metallkasten und streben in verschiedene Richtungen weg; jeder allein.
Alle Angestellten erinnern an den Arbeitsplatz, dem ich so rasch als möglich entkommen will. Ich eile zum Parkplatz, kürze den Weg ab und steige beim Kinderspielplatz über

den Zaun. Täglich ein Wettbewerb, wer als erster sein Auto aufschließt und aus dem Parkfeld fährt.
Ich berichtete One nie von meiner Arbeit. Unsere Briefe waren das andere Leben. Er wußte, daß ich bei einer Bank arbeite. Gewöhnt, über Ziffern zu entscheiden, die mich schwindlig werden lassen, kann One sich nicht vorstellen, wie eine Kassahilfe von ihrem Gehalt das Allernotwendigste bestreitet und einen Teil des Geldes zur Seite legt. Seine Vermutung, ich lebe in allergrößter Armut, kenne Luxus nur als Wort und eigentlich auch nur aus Schilderungen in seinen Briefen, widerlegte ich nie. Sie erheiterte mich.
Was kostet dort ein großes Haus mit Park? fragte One. Gibt es Hauspersonal? Du sollst nie über Böden kriechen und Kartoffeln schälen.
Fragen, die ein Mr. One ohnehin mit seinem Anwalt besprechen würde. Ich tat überrascht, ich schrieb, verrückter Kerl. Und er schrieb, wo wollen wir tanzen? Falls Du in der Nähe kein gutes Lokal kennst, mieten wir ein Flugzeug und fliegen nach Venedig, dort wollen wir tanzen und im Danieli wohnen. Ich antwortete, Wahnsinniger. Er schrieb, hast Du etwas anzuziehen? Zwar bin ich der Meinung, Du solltest immer nackt sein, aber da dies hierzulande nicht möglich ist, müssen wir für Dich unbedingt in Paris eine Garderobe besorgen. Ich werde dasitzen und mir von Dir alles vorführen lassen. Dein ratloses Gesicht wird mir sehr gefallen. Ich antwortete, dies mußt Du in einem Whiskyrausch geschrieben haben, kein Mensch kann so verrückt sein und soviel Geld für Kleider verschwenden. Du wirfst Dein Geld zum Fenster hinaus. Er schrieb, gerade in einem Whiskyrausch weiß ich, was ich sage. Ich frage Dich, was wollen wir mit den Millionen tun, die mein letztes Buch mir einbringt? Welche Frage, antwortete ich, mit Millionen

könnte man manches tun. Aber Dir fällt sicher eine angenehme Art der Verschwendung ein.

Die falsche Einstellung zum Geschäft: Unsere Prokuristen täuschen sich nicht. Nie mit dem Gedanken gespielt, dem Geldinstitut meinen Mister als neuen Kunden zuzuführen. Nie ernsthaft überlegt, das Wissen des Wirtschaftsexperten One zum Vorteil der Bank oder zu meiner eigenen Bereicherung auszunutzen.

Lange saß ich beim Eisstadion, wo sie Tennis spielten. Saß da in der Haltung, in der mein junger Maler mich skizzierte: eingerollt, die gekreuzten Arme auf den Schultern, die Wange gegen den Handrücken geschmiegt: Ich brauche nur mich.

Die Gäste sind Statisten eines Sommers in meinem Leben. Eine Weile lenken sie meine Aufmerksamkeit auf sich, wie die Schaufenster, das Panorama, die Ausflugsziele. Wie alles Neue. Ich liebe sie nicht. Ich hasse sie nicht.
Sie waren mir wie Blumen im Botanischen Garten, bestachen mich mit kuriosen Formen und Farben. Ich wurde nicht müde, sie zu betrachten.
Da niemand meine Gedanken liest, wird mir der Fähigkeitsausweis Mensch nicht verweigert. Man brauche einander. Ich dachte an den Arzt, den ich manchmal brauche, an den Lebensmittelhändler, an meine Nachbarin, die den Hund hütet, an die Kollegen.
Mädchen und Burschen auf der Tribüne verfolgten still das Tennisspiel. Nicht auszumachen, zu welcher Partei sie hielten, ob sie überhaupt auf einer Seite standen. Wie abwesend kamen sie mir vor. Mit Köpfen auf Drehgelenken, die

automatisch nach den Bällen drehten. Sie erinnerten an meine Haltung, die ich im Leben einnehme.

Meine Lisa, seit Karten Deine Welt erfassen, besteht Hoffnung, wenn Du Dich damit auch nur in die Augenblicke der Freiheit einübst.

Tisch fünf, Zimmer 312: Lisa Plüß. Mehr wissen Personal und Gäste nicht. Für sie bin ich keine Kassahilfe. Kein Ruf war mir und den andern Gästen gefolgt. Ein wunderbarer Ort, wir durften hier die sein, die wir immer schon gern gewesen wären.
Peinlich die Vorstellung, jemand wäre mit ausgestrecktem Zeigefinger auf mich zugekommen und kramte in der Erinnerung nach gemeinsamen Bekannten. Und alle, die ich vergessen will, marschieren auf.

Lieber Preisträger, ich habe für diese Ansichtskarte die Nägel lackiert. Mit blutroten Nägeln schreibe ich. Ich möchte Dir mitteilen, daß. Wenn ich denke, daß ich einmal vor Dir niedergesunken bin, und wie ich niedergesunken bin. Und ich versuchte mit Dir zusammen ein Leben, aber dann Deine Neigung zu leiden und meine Neigung freundlich und glücklich zu sein. Dein Bild war in allen Zeitungen. Das Mädchen neben Dir ist sehr schön, ich begreife. Und sehr jung. Ich begriff. Die Zeitung fiel mir aus der Hand. Der Zug ist nicht aus der Schiene gesprungen. Ich konnte Koffer schleppen, Busverbindungen lesen. Und an der Bahnhofsuhr zuckte der Zeiger in ein Leben ohne Dich. Ich habe nicht gelesen, was da auf der vordersten Seite über Dich stand. Die helle Seite, sicher. Du hast zu den Auserwählten geredet und Dich für den großen Preis bedankt. Er wurde

Dir zugesprochen, weil Du Deine schönen Gefühle mittels schöner Gedichte beschriebst. Jetzt, hinterher, bin ich sehr betroffen. Vor allem wegen der Gefühle. Aber ich glaube, der Preis ist gerechtfertigt. Den Beweis, daß Du schöne Gefühle schön beschreiben kannst, hast Du erbracht. Die schönen Gefühle mußt Du glücklicherweise nicht beweisen. Du hast den Preis ja nicht für Gefühle erhalten.
PS. Das Parfum, das ich auf dem Rückflug von Dir gekauft habe, steht auf meinem Nachttisch. Es ist in der Zellophanhülle und läßt im Gegensatz zu Dir noch Erwartungen zu.

Musik aus der Musikbox «Free as the wind that is the way you should be». Im Gasthaus am See hatten die Fremden auf der sonnigen Terrasse zufriedene Gesichter. Jede Rast, jede Flasche, jeden Sonnenstrahl haben sie verdient.
Roths holten mich an ihren Tisch. Sie zeigten Fotografien von sich, ergänzten, was auf den Bildern nicht sichtbar, aber für das Verständnis wichtig war. Unser Haus von der Blutbuche her gesehen. Unser Hund. Hier brät meine Frau Scampi auf dem Gartengrill. Geschäftsfreunde. Da stehe ich beim Fotografieren auf unserem Dach. Ich sagte, ein schönes Heim, und reichte die Bilder zurück. Sie gehe immer gern nach Hause, meinte Frau Roth.
Ihr Mann hat sich nicht jeden Tag eisern an seine Regeln gehalten und bisher kein Gramm abgenommen. Ein Verzicht in den Ferien sei schwerer, jetzt, da man Zeit hat, bei dieser Luft, die zehre, bei Bewegung, die hungrig mache. Und alle diese verlockenden Düfte. Frau Roth seufzte, Augusts Ausreden. Sie drehte die Augen zum Himmel.
Der See ist nicht tief. Vom Fichtenwäldchen wehte eine leichte Brise übers Wasser. Lachen schallte herüber. Schüler eines Ferienlagers in der Nähe lagerten am Wasser. Ihre hel-

len Sombreros spiegelten sich im See. Roth trank ein Glas Bier in einem Zug. Frau Roth lehnte den Kopf an die Holzwand und schloß die Augen. Zwei Hunde unter Tischen winselten, legten sich auf den Bauch und sahen sich durch den Zaun der Stuhlbeine an. Unter dem hölzernen Boden spülte Wasser an die Pfähle und wehte Kühle durch die Ritze unter meinen Rock. Brotstücke schaukelten auf dem Wasser, quollen auf und zerfielen.
Keine Enten. Keine Fische. Ich dachte, diese Fischer sitzen einfach da, werfen von Zeit zu Zeit ihre Angel, rollen den Nylonfaden ein und schwingen den Köder durch die Luft. Vielleicht hatten die Sommergäste den See ausgefischt.
Das scharfe Sausen, bevor der Köder aufs Wasser traf. Es ließ an Peitschenhiebe denken. Ich zuckte zusammen, obwohl ich nie geschlagen, immer nur niedergeschrien worden bin. Vor Entsetzen starr, habe ich zugehört. Nie mich gewehrt. Jeder Anflug von Aufstand wurde im Kind schon erstickt.
Ich bin jemand, der nie stört. Wann weinte ich zum letztenmal? Eine Unlust zu sprechen, das passiert öfter. Der Mund ist zusammengepappt, ich meine, ein Brei müsse beim Öffnen der Lippen aus meinem Mund fließen.
Was, wenn der unbekannte Zettelschreiber sich in einem meiner sprechmüden Momente an mich gewandt hätte? Mich zum Beispiel in diesem Gasthaus zum Telefon rief, bat, ich möge etwas in die Sprechmuschel sagen. Du hast zwanzig Rappen Zeit, warum zögerst du? Ich sage, ich bin am Überlegen. Ich möchte die Wärme deines Körpers spüren. Und er: Wichtigeres fällt dir nicht ein? Dann unterbricht der Automat das Gespräch.
Ein Wanderer legte seinen Arm aufs Geländer. Ich beobachtete die Lichtwellen, die das Wasser über den Arm

schickte. Die braune Haut erinnerte an den Schalterkunden; den Augenblick, da die Erkenntnis mich traf: Es ist Sommer. Nun war ich in den Ferien, mußte noch nicht an die Rückkehr denken. Ich durfte mich auf die Begegnung mit Isabel freuen, durfte auf meinen Donnerstagabend-Mann neugierig sein. Ich muß nichts, ich darf alles.

Spatzen flatterten auf die Tische. Einer älteren Frau fielen Kuchenreste von den Lippen. Sie kaute mit offenem Mund, spülte mit Kaffee. Sacht schob sie ihr Rahmkrüglein an den Tischrand und spitzte die Lippen. Ein Spatz flog an, bog sich tief ins Kännchen, legte den Kopf zurück und klapperte mit dem Schnabel. Ein dünner weißer Tropfen rann in seine Federn. Als einziges Zeichen von Aufregung zitterten die Ohrringe der Frau. Sie näherte die Hand, und der Vogel flatterte auf. Die Frau zählte Geld auf den Tisch und ging.
Das Dasitzen und Zuschauen dieser Alleinstehenden. Ihr Locken und Auf-den-See-Blicken. Dies wird einmal mein Leben sein. Nach Jahrzehnten ohne Tischnachbar werde ich den Kuchen achtlos in den Mund stopfen, ein Spatz pickt die Reste, die ich anzubieten habe. In der hintersten, sichersten Ecke werde ich sitzen, zuschauen, wie andere sich in eine sichere Ecke setzen und zuschauen.
Roths brachen auf. Im Park wollten sie sich unter die Bäume legen. Sofort setzten sich andere Gäste auf die freien Plätze. Ich suchte in der Strohtasche meinen Kugelschreiber. Immer verliere ich mein Schreibzeug. Auch im Büro. Ich mag nie, wie andere, meine Initialen mit Klebband auf mein Arbeitsmaterial heften, säuberlich Gummi, Bleistifte, Kugelschreiber als mir gehörend markieren. Dort ist nichts mein Eigentum, alles ist vom Geldinstitut geliehen. Es käme mir lächerlich vor, andere zu tadeln, weil sie versehent-

lich den Kugelschreiber in ihren Kittel stecken oder die Schere von meinem Pult schnappen.

Liebe Frau Humm, so schön (Vordergrund) kann es hier sein. Es fällt mir schwer, wieder in den Betrieb zurückzukehren. «Betrieb», ein treffendes Wort. Die Frage ist, betreiben wir, oder werden wir betrieben?
Erzogen zu Gehorsam und Freundlichkeit hat mich das Geldinstitut übernommen und mit Direktiven und Regulativen weiter in diesem Sinn gefördert. Ich entschuldige mich, wenn mein Hund die Zähne gegen Passanten fletscht. (Später streichle ich den Hund, er hat ja ein Recht, seine Gefühle unumwunden zu zeigen.) Ich schaue meinem Hund ins Maul und denke, so ein Tier kennt die Waffen nicht, die es gegen den Menschen einsetzen könnte. Ich schäme mich, daß mein Hund sich von mir schlagen läßt. Ja, die Gutmütigkeit dieses Tiers beschämt mich.
Aber ich weiche vom Thema ab. Sie wußten nicht, daß ich einen Hund besitze? Ich habe mich immer gewundert, wie man Tausende von Stunden aneinander vorbeikommt, ohne das geringste voneinander zu wissen. Ich kann mir kaum vorstellen, daß meine Kollegen noch anderswo zu Hause sind als im Büro. Ich muß lachen beim Gedanken, daß unsere Männer (es sind wirklich Männer, ich vergesse das immer) sich schnaufend über einen Frauenleib krümmen, und daß unsere Kolleginnen zu Liebesspielen verlocken. Kaum vorstellbar, daß die Leute, an denen man acht Stunden auf engem Raum vorbeikommt, für einen andern Menschen ein Elektrizitätswerk der Erotik bedeuten. Dank der ausgeklügelten Konzeption und unserer Gewohnheit, im richtigen Augenblick an der richtigen Stelle auszuweichen, stoßen wir auf unseren Wegen nie zusam-

men. Die zweckmäßige Umgebung, die Automaten, diese Vorbilder an Nüchternheit lassen jede Regung banal und lächerlich erscheinen.
Ich möchte die Gesichter der Bänkler sehen, wenn die Karte zirkuliert. Ich möchte die Sicherheitskamera bedienen und Großaufnahmen von ihnen machen. Einmal ein Aufruhr.
Was passiert, wenn ich zurückkomme, nach links und nach rechts die Kollegen grüßend zu meinem Pult gehe? Wenn ich in der Pause die Angestellten der andern Abteilungen in der Kantine treffe?
Die Plüß mit den dummen Karten!
Eine, die sonst nie Schwierigkeiten macht, auf jeden Fall ist sie nie besonders aufgefallen, jetzt plötzlich dreht die durch.
Die Bänkler sagen nichts. Sie schauen nur. Sie hören zu sprechen auf, wenn ich den Raum betrete. Sie warten, und setzen ihr Gespräch fort, wenn ich außer Hörweite bin. Alexandra hinterbringt mir, nach der Meinung der meisten, sei ich eine Person, die fähig wäre, das Bankgeheimnis zu verraten. Was ist das: ein Bankgeheimnis? frage ich. Alexandra weiß es nicht. Wenn man so direkt fragt, ja, was ist eigentlich das Bankgeheimnis?

Der Mann, dem ich auf dieser Terrasse schon einmal begegnete, bat um den freien Stuhl. Oder warten Sie auf jemand? Nein, sagte ich. Nein? wiederholte er und lächelte. Zufällig wartete ich wirklich auf niemand und bewies damit: Ich bin frei. Ich bin eine Möglichkeit. Er setzte sich zu Bekannten, setzte sich so, daß wir uns anschauen konnten.

Geehrter Tischnachbar, und jetzt, mein Herr? Werfen Sie diesen Stuhl über Bord und stürzen Sie zu mir. Ja, ich mag

Sie. Ich habe mehr als zehn Finger, die Sie jetzt streicheln und aus den Kleidern schälen. Ich wäre kräftig genug, Sie über diesen meinen Tisch zu biegen. Mir fehlt jede Moral. Und in der Öffentlichkeit. Über diesem glitzernden See. Das wäre doch vorstellbar: Sie und ich, und hier auf diesem Tisch.

Ich suchte die Toilette auf. Meine Augen waren von der Sonne so geblendet, daß ich in dem düsteren Raum die Tür nicht sofort fand.
An der Wand hatte eine Martha gekritzelt: Zwei Schmetterlinge tanzen, ich sehe ihre Freiheit, eine Freiheit, die ich nicht kenne. Und eine Priska hatte geantwortet: Das ist dumm, nicht einmal pubertär.
Liebe Martha, ich habe die Kritzeleien in Damentoiletten schon immer vermißt. Endlich hat jemand die Heiligkeit dieser dämlichen Wände mit einer Mitteilung gebrochen.
Der Spiegel zeigte ein dunkles Gesicht mit grauen Lippen und schwarzen Augenbällen. Ich hob die Faust, als wollte ich sie in den Spiegel schlagen.

Es geht so nicht weiter, Lisa. Sich davonmachen wäre das einfachste. Eine erste neue Landschaft und eine zweite neue Landschaft und eine dritte und vierte. Schließlich ohne kaum je anzuhalten durch Dörfer kreuzen, bei Tag und bei Nacht, die Orte nur noch antupfen. Eine Flucht ohne Ende. Und ich erfahre nie, wovor ich eigentlich fliehe oder welches mein Ziel ist. Dann mit geschlossenen Augen gegen eine Betonmauer. Und unter den Namen auf dem Grabstein eingemeißelt, der Satz: In Bewegung gewesen und nichts gelernt.
Ich schmetterte die Faust nicht in den Spiegel, ich öffnete

die Hand und malte ein rotes Dreieck auf die Wangen und einen roten Unter- und Oberlippenstrich. Die rosige Altweibertünche über der Krankenblässe von Frau Klein. Ich glich ihr jetzt. Im Tageslicht, fiel mir ein, könnte die Farbe zu auffallend sein. Ich wischte sie wieder weg.
Manchmal sollte ich das Ganze, die, die ich bin, wegwischen können.

Mit jedem neuen Kleid zog ich die Hoffnung an, daß jetzt alles anders wird. Was? Ich wußte es nie. Aber meine Laune steigerte sich. Die in der Wertschriftenabteilung hörten mich lachen, und Alexandra kam in den Kassenraum herüber und setzte sich auf die Kante meines Pults, bis der Hauptkassier sie mit einer Handbewegung aus seinem Sichtbereich scheuchte. Dimmler übersah mich auch im neuen Kleid, natürlich, aber es war gleichgültig, wer mich sah oder nicht sah. Dumm war, anzunehmen, daß in meinem Kassahilfeleben einmal etwas ändert.

Der Kellner in engen weißen Hosen kam mit kurzen Schritten auf mich zu, legte den geschwollenen Geldbeutel auf den Tisch und überblätterte die Kassazettel. Wie er mit seinem Unterkörper am Tischrand lehnte. Nahe bei meiner Hand der über sein Glied gewölbte Stoff. Ein Silbermedaillon pendelte aus dem offenen taillierten Hemd. Er sah mich nicht, er starrte auf meine Münzen.

Ich wanderte um den See, hatte keine Lust mehr auf dieses ewiggleich zur Seite wallende Bild im Wasser. Ich drehte auf dem Absatz und lief durch den Fichtenwald, hatte keine Lust mehr auf Wald, stieg über die Büsche und trat auf die Lichtung hinaus.

Im westlichen Ortsteil gibt es mehr Hotels. Die Grundstücke sind begehrter, teurer. Golf- und Tennisplätze liegen da. Durch die Glastür einer Boutique entdeckte ich Isabel. Sie ließ sich von der Verkäuferin Seidentücher zeigen. Kellers Hand lag auf ihrem vorgebeugten Nacken.
Ich betrachtete die Auslagen, wollte mich Isabel in den Weg stellen. Am Schaufenster in Augenhöhe klebten die Zeichen für Amexco-Checks, Eurochecks, Dinersklubkarten. Die Röcke, Blusen, Pullover und Tücher hatten eingewobene Firmenzeichen. Sie waren für eine Kassahilfe zu teuer. Aber Anschauen macht mild und glücklich.
Alle Dinge sollten zu unserer Freude erschaffen sein: eine Erkenntnis von One. Er, der häßlich sei, könne nur anmutige Frauen lieben. We could live together without the eternal disappointments. Ein Schönsatz von Mr. One. Seine Briefe bestanden aus Schönsätzen. Sie waren wie Luxusgüter in Schaufenstern. Zum Bewundern, nicht zum Begehren.
Diese Briefe geben mir mehr Sicherheit als ein Mann, der seinen Arm um mich legt, sagte ich zu Isabel. Die Beziehung zu One ist die Beziehung zu einem Roman. Ich erhalte mit jedem Brief ein Kunstwerk. Statt zu glauben, lese ich. Dies der Unterschied zu Versprechen anderer Männer.
Der Preisträger hat ähnliche Briefe geschrieben. Literatur, die ich glaubte; ein Fehler. Statt mich am Lesen zu erfreuen, wollte ich glauben. Mir wurden schöne Gefühle schön beschrieben. Ich könnte zahllose «Sehr gut» austeilen. Ich könnte die gerahmten Briefe an die Wände hängen, mich umgeben, mich ganz und gar in ein Museum der schönen Gefühle eingraben.
Ich fiel aus Beziehungen heraus. Falle eigentlich schon immer aus Freundschaften, Orten, Lebensweisen. Ich merke es

kaum. Es geschieht. Und ich wende mich dem Neuen zu. Nichts nehme ich mit, schreibe keine Briefe ins andere Leben zurück, rufe kaum an, mache keine Besuche mehr. Ich bin beschäftigt mit dem Neuen. Kann mir kaum vorstellen, jemals wieder in einer andern Freundschaft, an einem andern Ort, mit andern Gewohnheiten zu leben. Beinah eine Einsiedlerin, kenne ich wenig Leute im Dorf. Keine Besuche von Verwandten und Arbeitskollegen. Nie bleibt jemand über Nacht. Meine Wohnung ist nicht für länger dauernde Besuche eingerichtet. Ab und zu ein Essen mit Edith, der Nachbarin. Wir hören Musik, setzen ein Puzzle zusammen und schauen den Fernsehfilm an.

Die wenigen Beziehungen werden von andern aufrechterhalten. Ich bin überrascht, daß es Freunde gibt, die immer wieder anrufen, mich ab und zu besuchen. Ich lese viel. Bücher geben mir die Möglichkeit, mir fremde Leben vorzustellen. Autorenlesungen sind fast die einzigen Stunden, die ich außerhalb des Arbeitsplatzes mit andern Menschen verbringe. Die Kontakte sind lose. Meine Neugier treibt mich ab und zu in eine Beziehung. Ausfälle aus meiner Einsiedelei. Ich schrecke vor Verpflichtungen zurück, sie engen mich ein.
Es gelang nicht immer, sich herauszuwinden aus einem Bett, einem bohrenden Gespräche, einer nächsten und übernächsten Verabredung. «Ich will frei sein», ein Satz, den ich immer wie ein Schild vor mir her in die nächste Umklammerung trug.
Herr Keller führte Isabel aus dem Laden. Zwei umeinandergedrehte Schals hingen über ihr dunkles Gewand. An Kellers Arm eilte sie mit kurzen Schritten an mir vorbei, hob die Hand, winkte, ohne mich dabei anzusehen. Ich stand

mitten auf dem Gehsteig, einen Fuß über einen Papierfetzen gehoben, als wüßte ich nicht wohin.

Liebe Isabel, gib ihm Gift!

Donnerstag. Der Tag, der auf der Einladung stand. Ich hatte nicht herausgefunden, wer den Zettel schrieb.
Vielleicht der Mann des Lebens.
Ein angenehmer Gedanke, daß es einen Mann des Lebens geben könnte. Ein merkwürdiger Gedanke. Ein Kioskroman-Gedanke. In einem einzigen alle, die man lieben könnte, vereint zu finden. Nie Kälte zwischen uns. Nie Blicke, in denen einer von uns gestorben ist.

Im Park des «Alpina» wippte der Sprenger über Rosenbeete. Auf den Blüten zogen die Tropfen sich zusammen, zitterten und stürzten vom Blatt. Ich zog die Schuhe aus und lief übers verzettelte, duftende Heu.
Die Balkonläden von Zimmer 314 waren zugezogen. Isabel hatte im Vorübergehen unauffällig einen Zettel auf meinen Tisch fallen lassen. «Warte auf mich.» Und ich wartete.
Nach dem Mittagessen zog Keller sich immer ins Zimmer zurück. Das Paar war hinter geschlossenen Läden. Ein Liebespaar, während ich in diesem Park, außer Reichweite eines Sprengers, auf seine Erschöpfung warte. Zehn Minuten später eilte sie über die Wiese und lehnte sich leicht gegen mich. Im Hexenkreuzschritt unserer Kinderzeit marschierten wir durch den Wald, mit rotem hin- und herpeitschendem Hexenhaar, vorbei an leuchtenden giftigen Beeren.
Stunden, die zu schnell vergingen.
Wir skizzierten, was wir erleben möchten, unbedingt ein-

mal erleben wollten. Eine Pferdeschlittenfahrt. Viele kleine Schellen am Gefährt. Nacht, Sterne, Neuschnee. Und wir in Pelzdecken gewickelt. Der Schnee unter den Kufen knirscht, das Pferd dampft. Sein Hintern, dicht vor unsern Augen, bewegt sich auf und ab. Ich zeichnete diesen gewaltigen Pferdehintern mit den Händen in die Luft. Wir mußten uns niedersetzen: Zwei vergnügte Mädchen, die am Wegbord einander lachend über die Schulter fielen.

Der Portier übergab mir einen Brief. Ich wollte ihn nicht in der Halle lesen, steckte ihn in meine Strohtasche und ging die Abkürzung zum See hinunter. Das Schwingen des Rocks bei jedem Schritt. Ein wollüstiges Gefühl. Ein Hauch von den Knien herauf über die nackten Schenkel; der Stoff wird angehoben, sinkt auf die Beine zurück, leicht, kühl, rutscht über die Innenseite des angehobenen Schenkels, wirbelt auseinander und fällt zusammen. Ein regelmäßiges Streicheln, erregend, wenn der Rock sich hebt, der Hauch von unten herauf den Leib umweht.
Die Berührung machte mich weich. Ich hatte Lust, mich zu umarmen. Die Schatten der Bäume lagen quer über dem Kiesweg, graue Zebrastreifen. Und ein Duft nach feuchtem Moos. In einem Garten am Waldrand trockneten orangerote Sportleibchen. Schwarze Nummern hafteten auf den Rücken. Die Leibchen hingen nicht in der Zahlenreihe am Wäschedraht. Ein Nummerndurcheinander! Wie dies einen Menschen, der beruflich mit Zahlen umzugehen hat, stören kann. Ich dachte daran, in den Garten zu treten und die Leibchen richtig zu hängen.
Am See setzte ich mich auf einen Stein. Er war noch warm. Sonnenuntergang. Alles in kupfernem Licht. Die Fotografierenden an der Arbeit. Eine Stimmung, wie zum Lesen ei-

nes One-Briefes bestellt. Angenehm, auf rosigem Papier vermißt zu werden. Pfirsichfarben wurde das Blatt, auf dem ich Sätze aus Ones Romanen fand. «Moon wife with honey lips» auf verblassendem Kardinalrot. Er beschrieb mich, wie sich jede Frau beschrieben haben möchte. Mit neuen Wendungen überforderte er sich nicht. Ein kluger Mann, dieser Mr. One. Aus einer Wasserstoffblonden wurde eine Schwarze, eine Rote, eine Braune. Alle zusammen waren wir Mr. One's Moon wifes, Honeys, Sweet little girls. Das Papier wechselte zu Violett. Im Süden verflockte ein Kondensstreifen und bildete einen leuchtend hellroten Winkel am blaugrünen Himmel. Ich stand auf Zehenspitzen auf dem Stein, den Brief in der Hand. Ich muß taubenblau gewesen sein. Eine aufgerichtete Seejungfrau, die am Abend ein Menschenmann in den Armen hält. Es war der frühe Abend des Donnerstags.

Ich badete lange, wusch die Haare und fönte sie in Wellen. Ich wählte das Kleid mit elastischem Stoff, eng an Brust und Taille, an den Hüften zu einer Glocke aufspringend. In diesem Kleid war ich öfter angefaßt worden als in all den andern Kleidern. Die Hände waren herausgewaschen, herausgebügelt, herausparfümiert. Ich war bereit für den Zettelschreiber.
Das Sporthotel liegt im mondänen Ortsteil in der Nähe von Kleiderboutiquen und Juweliergeschäften. Das Gebäude grenzt an den Golfplatz.
Mondlicht modellierte aus dem hügeligen Feld ein unwirkliches Kratergelände. Zwei Gestalten bewegten sich darauf: umhergeschobene Figurinen. Ich wanderte über den Golfplatz, zu den halbausgeleuchteten Mulden, den Kegelschatten. War jetzt die Figurine im Bild.

Ich hörte das Klopfen der Musik. Meine Neugier verging, wie im Vorzimmer des Arztes der Schmerz vergehen kann. Die Vorhänge des Sporthotels waren abends gezogen. Das schwere Gewebe verhinderte Einblicke. Im Lokal war es düster. Die Musiker machten Pause. Der Rauch über den abgeschirmten Wandlampen bewegte sich nicht. In ihren weichen Ledersesseln warteten die Gäste, nippten am Glas und schauten sich um. Verdrossene, abweisende Gesichter. Die Musiker in satten Hosen und offenen glänzenden Hemden auf ihrer kleinen Bühne zwischen dem Gewirr von Mikrofonen und Kabeln; sie nickten sich zu, einer schlug den Takt mit dem Fuß. Und Musik erfüllte den Raum. Bewegung kam in die Gäste. Sie wanden sich durch die schmalen Gänge, fluteten auf der Tanzfläche zusammen, legten dort die Arme umeinander und begannen Rumpf und Glieder zu bewegen. Lichtblitze im Rhythmus der Musik riß blaue, grüne, rote, gelbe Gesichter aus dem Dunkel.

Ein Mann streckte mir die Hand entgegen. Es war der Mann, dem ich zweimal auf der Terrasse über dem See begegnet war. Ihm legte ich die Fingerspitzen in die Hand, und er zog mich zur Tanzfläche.

Wo außer beim Tanzen ist es selbstverständlicher, den Arm um einen fremden Menschen zu legen und sich mit ihm eine Weile zu drehen? Kaum denkbar, daß sich jemand, ohne Widerstand hervorzurufen, ohne Umstände auf der Straße einem unbekannten Menschen nähert, ihn anspricht, um die Hüfte faßt und mit ihm eine Strecke Weges geht.

Der Mann schwieg. Sein Hemdkragen im Phosphorlicht wie von innen blau beleuchtet. Seine Hände lagen auf meinen vor- und zurück-, auf- und abschwingenden Hüften. Warme Hände.

Ich schob die Fingerspitzen in sein feuchtes Nackenhaar. Er wühlte sich näher an meinen Leib. Ungeschickt standen wir in der Pause da, wußten nicht, wohin mit den Armen, betrachteten, wie alle, diese Musiker auf ihrem Podest, die Paillettengürtel auf deren Hüften, funkelnd im Licht, betrachteten die leeren Sitzplätze, die Tänzer in ihrer mühevollen Wartehaltung. Wir waren Figuren eines zum Stillstand gekommenen Glockenspiels.

Ich möchte mit diesem Mann reden. Leicht und anmutig, wie wir tanzen.

Bei den ersten Takten fielen alle Arme übereinander. Ein Zucken und Drehen und Schaukeln begann, bis die abbrechende Musik die Paare erstarren ließ. Wir wanden uns an meinen Tisch. Er dankte. Ich nickte. Alles war zum Ende gekommen. Der Mann preßte sich durch die Leute auf den Gängen. Im Dunkel war nicht auszumachen, wo er saß.
Er kann es nicht gewesen sein, der mir den Zettel schrieb und ans Auto heftete. Man macht nicht diese Umstände, um im gegebenen Augenblick zu schweigen. Ist Nichtsagen-Können eine Krankheit, die um sich greift?
Ich brach auf.
Das Schlagzeug trommelte ferner. Botschaften, die nur Glieder und Leiber verstanden. Der See enthielt mich als dunklen Schatten. Ich tauchte die Füße ein.
Mich jetzt ins Wasser fallen lassen. Überhaupt: mich fallen lassen. Kreuz und quer mit Männern schlafen. Wen kümmert mein Tun?

Manchmal genügten mir Ones getippte heftige Umarmungen, diese mühsam mit zwei Fingern geschriebenen Zärt-

lichkeiten. Manchmal störte mich das Geraschel seines Briefpapiers.
Isabel hat recht: Einen Menschen muß man greifen können. Ich habe nach Ausreden gesucht, als One mich einmal besuchte. Er kam, und ich dachte an Flucht. Plötzlich war man aufgefordert, die schriftliche Liebe zu halten.
You love me, I know that you love me. Er hielt mich an den Schultern von sich weg und forschte in meinem Gesicht. Ich ließ mich an seine Brust klappen, verbarg die Augen, damit er den Verrat nicht entdecken sollte. Als er ging, liebte ich ihn für die wiedergefundene Freiheit. Für sein Gehen liebte ich ihn, und ich konnte wieder lange und sehnsüchtige Briefe schreiben, wartete ungeduldig auf seine noch längeren und sehnsüchtigeren Briefe.

Ich lag wach.
Eine laue Nacht.
Kein Männerleib, um den ich mich schlingen und daran kühlen konnte.
Anstelle eines Menschen im Bett habe ich die Welt im Kopf: Menschen wie Insekten in Bernstein geschlossen.
Schön anzuschauen.

Ein Fotohimmel über mir.
Jeden Morgen stieß ich die Läden in einen blauen Himmel.
Jeden Morgen brach ich auf.
«Aufbruch», dieses große Wort. Das Vertraute durch mein Bemerken ungewöhnlich werden lassen, das wäre schon viel. Wenn es wenigstens gelänge, am Gewohnten ohne Anstrengung etwas zu entdecken.
Alle Wege war ich abgewandert, war auf allen Plätzen, kannte die Seen, sah das Tal von der Anhöhe, wo die drei

Fichten stehen. Ich ging bis ans Ende eines jeden Wegs oder ich ging im Kreis. Meine Möglichkeiten hier habe ich alle ausgeschöpft.
Gedankenverloren kritzelte ich auf ein Papiertischtuch, auf den Nadelboden, in den Kies, ins Wasser. So viele sah ich auf meinen Rundgängen mit einem Stock auf den Boden zeichnen. Wenn sie entdeckten, daß ich zusah, zerbrachen sie den Stock und warfen die Stücke hinter sich.

Die kleinen Dramen. Natürlich fanden sie statt. Isabel hatte ein besonderes Gefühl dafür. Die Beziehung zwischen Theresa und dem Wirt war vielen Gästen aufgefallen. Diese Unruhe, dieses fahrige Eingießen, wenn der Wirt neben ihr am Tisch stand, hatte Theresa verraten. Roths hatten Mitleid mit der Ehefrau, einer schmalen, blassen Person. Diese Frau reibe sich auf für Geschäft und Mann. Und wo bleibt der Dank?
Als wäre der gemeinsame Aufbau eines Geschäfts oder einer Karriere auch eine Garantie für Treue. Ich habe kein Mitleid mit dieser Frau, sagte ich zu Roths. Vielleicht ist Theresa, vielleicht ist der Wirt zu bedauern. Eine Heiratsbescheinigung berechtigt nicht zu größerem Mitgefühl.
Roths und Frau Klein stellten sich auf die Seite der beurkundeten Liebe und waren nun weniger freundlich zu Theresa. Die Wirtin hingegen verwickelten sie öfter in ein Gespräch. Ab und zu luden sie diese zu einem Kaffee ein. Einmal brachten sie ihr Alpenblumen. Sie kannten Theresas Namen nur noch als Ruf-, als Herzitiernamen. Theresa diente freundlich wie immer mit dem Gewünschten.

Isabel traf ich nun öfter. Geplauder. Vertrauliche Mitteilungen von Frau zu Frau. Sie kämmte mich anders und

wischte mit Speichel am Taschentuch einen Wimpertuschpunkt von meiner Wange.
Wir saßen in einer Gartenwirtschaft mit einer Gruppe fröhlicher lauter Italiener. Teure Sportwagen parkten hintereinander am Straßenrand. Viele reiche Familien hatten an diesem Ferienort eine Wohnung. Söhne und Töchter kommen mit einem Troß von Freunden. Die Mädchen trugen leichte Kleider, hatten alle einen himbeerroten Lullypop-Mund. Sommerschönheiten aus Modeheften.
Träge herumwandernde Schäferhunde suchten unter den Tischen nach Resten und ließen sich vor dem Schindelhaus auf den Steinboden fallen.
Alle Sonnenschirme waren nach derselben Richtung geknickt.
Ich möchte jetzt an keinem andern Ort der Welt sein.
Isabel griff nach meinen Fingern und drückte sie. Meine Hand verschwand ganz in diesen porzellanweißen Händen. Diesen Händen, die zwanghaft immer und immer wieder gesalbt werden mußten. Nie durften sie ihre Geschmeidigkeit verlieren. Isabel war dem Weinen nah, wenn sie ihre Handcreme in der Beuteltasche nicht fand. Nachts müsse die Salbe unter dem Kissen greifbar sein.
Meine Hand lag nun in diesen kräftigen Händen. Hände zum Zupacken, Zudrücken, Behalten, Festkrallen.
Diese scheinbar hilflose Isabel braucht also nicht abzurutschen mit Händen, die derart festhalten können.
Tief im Blau verschob sich geräuschlos ein Flugzeug.
Sie konnte die schäbige Wohnung mit den fleckigen Tapeten nicht mehr sehen, erzählte Isabel. Richard Keller war die Erlösung. Ich sah noch immer zum Himmel, obwohl das Flugzeug aus dem Ausschnitt über uns verschwunden war. Und Isabel wollte alles von mir wissen. Ob ich über-

haupt einen Menschen an mich heranlasse, ob es jemanden gibt, den ich mag.
Sie höre mich gern reden, mit dieser Kinderstimme, die sie rühre.
Ich zog meine Hand aus der Umklammerung und sagte, es gibt niemanden, den ich besonders gern habe.
Und ich? Bin ich niemand? Trotzig schob Isabel die Lippen vor und wendete das Gesicht ab.

Diese starken Schwachen. Schon immer habe ich gegen sie verloren. Die pressen mir Freunde, Zugeständnisse, Gefälligkeiten ab. Sie lassen Tränen rollen, schauen mit einem Hundeblick und ich tue, was sie von mir verlangen.
Ich goß den Weinrest in ihr Glas. Sie blickte schräg durch halbgeschlossene Lider, wendete mir langsam das Gesicht zu und begann zu lächeln.
Versprich, mich jeden Tag zu treffen!

An diesem Nachmittag mußten wir nicht ins «Alpina» zurück. Isabels Herr Keller wollte am Aussichtspunkt warten. Die Karte studierend, lehnte er an einem Baum, nickte mir zu und ging rasch mit Isabel weg.
Dieser Eifer, mit dem er sie meinem Einflußbereich entzog!
Er mußte annehmen, ich bedeute für Isabel Gefahr.
Ich muß annehmen, Isabel bedeutet für mich Gefahr.

Meinen Rundgang gemacht.
Irgendwo allein an einem Tisch gesessen.
Zugeschaut.
In der Brust ein Ziehen, beim Gedanken, daß das Leben an mir vorüberströmt, ohne mich mitzureißen oder auch nur zu bewegen.

Festgestellt, wie einsam ein blauer, leerer Himmel machen kann. Ein Himmel, der in Wirklichkeit ein schwarzes Loch ist. Das Blau ist Täuschung. Ich hatte in den letzten Wochen das Gefühl, in mir werfe sich etwas schluchzend zu Boden. Zeitweise konnte ich keine einzige schlechte Nachricht hören. Am Morgen mußte ich erst das Fenster öffnen und eine Weile auf eine blühende Wiese schauen. Nachts schreckte ich auf, meinte ein Tappen in der Wohnung gehört zu haben. Manchmal glaubte ich, alles Mißgeschick breche über mich her. Schon das Zusammenkehren von Scherben überforderte mich. Ich kniete zwischen den Scherben, erwartete, daß der Küchenschrank auf mich niederstürze oder die Wohnungsdecke auf meinen Kopf falle.
Ich bedauerte, daß ich am Abend nicht im Sporthotel geblieben war. Der Mann hätte mich vielleicht wieder zum Tanzen aufgefordert, möglicherweise der Beginn einer Geschichte.
Es gab nicht einmal einen Namen, den ich hätte vor mich hinsagen können. Wir hatten ja nicht geredet. Unsere Körper hatten geredet.

Zettelschreiber, das war ein gelungener Abend. Ich habe mich köstlich unterhalten. Diese Stunden werden mir unvergeßlich sein. Danke für den Tip, vielen herzlichen Dank. Aber: Warum sind Sie nicht gekommen?

Ich schlenderte und ersann Sätze für meine Ansichtskarten. Kinder saßen auf Klappstühlen mit einem Zeichenblock auf den Knien, bunte Pilze zwischen den Fichtenstämmen. Sie kopierten den See, die Hotels, die Berge. Ein Kind hatte seinen See mit Fischen gefüllt und ein Segelboot aufs Wasser gesetzt. Wo sind die Fische? Und wo siehst du ein

Segelboot? Das Kind blickte auf, ungeduldig. Ich male eben einen richtigen See, sagte es, kramte in seinen Malstiften und begann die Segel mit gelber Farbe auszumalen. Eine Lehrerin wanderte von Klappstuhl zu Klappstuhl, beugte sich über die Zeichnenden, deutete auf das Blatt, half da und dort mit dem Malstift nach.
Ein Kind malt einen See. Es malt eigenwillig. Die Zeichnung gibt den Sommersee dieses einen Kindes wieder. Gut und schön. Ich setzte meinen Rundgang fort. Verließ den Platz, ehe die Lehrerin zu dieser kleinen Malerin kam.

Sommer: Die Kinder lernten ihn zeichnen, die Gäste fotografierten ihn. Und alle bewahren sie ihre Jahreszeiten auf zur späteren Erinnerung. Beweise, daß es sie gab zu einer bestimmten Zeit an einem bestimmten Ort. Mir fielen die Notizen ein, die ich zu Hause in der Schuhschachtel aufbewahre. Sie beweisen, ich habe dies und habe jenes bemerkt und überdacht: Ich bin vorgekommen.
Man sollte die Jahreszeiten aber leben, fuhr mir durch den Kopf.

Liebe Lisa, spätes Mädchen, erwarte nicht zuviel. Schließ die Augen, genieß die Sonne! Den Rest hat die Katze gefressen.
Es war noch zu früh, ins «Alpina» zurückzukehren. Ich wählte beim Wegweiser den am seltensten begangenen Weg. Die Häuser hier waren an den Parktoren mit Villa bezeichnet. Ein Bursche folgte mir. Die Tasche an mich pressend, begann ich zu laufen. Ich wünschte mich hinter das Panzerglas der Bank, wo ihn meine Kollegen unauffällig beobachten würden, um später präzise Angaben über Gesichtsform, Haarschnitt, Kleidung machen zu können. Obwohl ich im-

mer wieder lese, immer wieder höre, daß die meisten Täter sich unauffällig kleiden und höflich benehmen, oft sogar Vertrauen erweckend wirken, neige ich dazu, schmierige Typen für Verbrecher zu halten. Es ist nur natürlich, daß ich einmal von einem bieder wirkenden Geschäftsmann betrogen worden bin. Er legte Goldmünzen vor, die nicht dem ausbezahlten Wert entsprachen. Ich hatte den größten Schalterschaden aller Zeiten verursacht, bei der nächsten Unachtsamkeit wird die Goldgeschichte ins Gewicht fallen.

Sie Halunke! Was denkt ein Typ wie Sie, wenn er ein Schaf wie mich hereinlegt? Glauben Sie, Ihre Aktion sei gegen eine anonyme Gesellschaft, ein Kapital gerichtet gewesen? Sie war gegen mich, die Kassahilfe Plüß, gerichtet. Ich mußte zur Direktion, mußte mich verteidigen. Aber was gab es bei diesem selbstverschuldeten Fehler zu verteidigen? Ich mußte den Spott der Kollegen über mich ergehen lassen. Versetzen Sie sich in meine Lage. Die ersten Wochen wünschte ich, Ihnen ins Gesicht zu springen.

Im Seitenpfad wartete ich hinter einem Forsythienstrauch, bis der Mann vorübergehastet war. Dann ging ich denselben Weg zurück.
Einige Wolken. Dicke Wattebäusche. In den Alpen ändert das Wetter rasch. Auch im Sommer. Die Kollegen hatten mich in der Kaffeepause gewarnt. Ich hatte gelacht. Wenn ich Ferien mache, regnet es, warum sollten meine Ferien eine Ausnahme sein?
Keine Erwartungen? Bei der ersten Wolke, den ersten Tropfen, die Enttäuschung. Immer dasselbe. Von den Kollegen mitfühlende Worte, und dann spricht man von anderem.
Ich arbeite seit Jahren bei dieser Bank. Ein Arbeitsplatz,

nicht besser, nicht schlechter als andere. Ich dachte, meine Arbeit müßte Spaß machen, müßte mich fordern. Man hat es in diesem Beruf mehr und mehr mit technischen Geräten zu tun.
Es sind die Kleinigkeiten, die mich ermüden. An das mürrische Verhalten des Hauptkassiers gewöhnt man sich. Aber es gibt Tage, da er gehässiger ist oder ich empfindlicher bin. Schon in seine Nähe kommen ist dann ein Fehler. Eine vergessene Büroklammer wirft er ärgerlich in den Topf, richtet seine Agenda, sein Stempelkissen, den Formularbehälter auf eine Linie. Meist ist er mit Wegräumen, Ordnen, Aus-seinem-Sichtbereich-Schaffen beschäftigt. Er duldet nichts Fremdes in seinem Bereich: keine Akte, kein Formular, keinen Menschen. Er schafft ein Niemandsland zwischen uns. Pult an Pult müssen wir einander gegenüber sitzen. Er wehrt meine Nähe mit schroffer Abweisung.

Ich bin ein tägliches, nicht wegzuräumendes Ärgernis.
Kann das alles sein, wozu man geboren ist?

Ich lief gegen den Wind zu den drei Fichten hinauf. Schatten jagten über das Tal, verkleinerten diese Landschaft für ihre wilden Spiele. Stundenlang wollte ich mit Isabel am Fluß übers Geröll steigen. Aber sie hatte nicht die richtigen Schuhe, mir zu folgen. Ich lehnte an der Fichte und schloß die Augen.
Das Eigentliche, dachte ich, ist noch nicht passiert.

Die Gäste am Abend in Wolldecken und Schultertücher gewickelt auf der Terrasse. Lichter glimmten am gegenüberliegenden Berg. Nester von Lichtern, zusammengedrängt am dunkelvioletten Hang. Der schwankende Scheinwerfer

eines Autos tauchte höher, versank im Wald, sprang höher wieder heraus. Roths erzählten von ihrer Italienreise. Sie hatten Zimmer per Telex gebucht und die Buchung bestätigt erhalten. Bei ihrer Ankunft waren die Zimmer besetzt. Riesenkrach. Roths planen ihre Ferien Monate voraus und wünschen, daß sie bis ins letzte Detail klappen. Mit dem Hotel «Alpina» waren sie zufrieden. Hier habe es weniger Deutsche als an andern Orten. Direktor Roth und der Vater der drei Kinder, ein Möbelhändler, berichteten von ihrer Arbeit. Sie müßten heute auffallend viele Formulare ausfüllen, über alles und jedes erhalten wir ein Formular, wir haben mit immer mehr Amtsstellen zu tun, früher haben wir auch verkauft, auch gelebt, plötzlich können wir offensichtlich nicht mehr ohne Statistik und ohne amtliche Erlaubnis für dies und das existieren. Wo stiehlt man Zeit für Wesentliches? Ich war froh, daß der alte Mann neben mir saß und ich keine Antworten geben mußte. Die Schneeflächen auf den Gipfeln waren milchig blau.
In Gedanken stapfe ich durch ein Schneefeld: Urheberin der einzigen Menschenspur. Und große schwarze Vögel, die still über mich gleiten.

Am Vormittag stieß ich auf Richard Keller und Isabel.
Zufällig begegneten wir uns im Waldweg. Ich wanderte mit den beiden zum Höhenweg hinauf. Keller lehrt an einem Gymnasium Deutsch und Geschichte, in den Sommerferien bereist er meist Nordamerika. Dieser Sommer gehört Prüfungsvorbereitungen und Isabel. Vor allem meiner Isabel! Er streichelte ihre Hand und lachte. Langsam wanderten wir höher. Vögel scharrten in den Blättern und flohen in die Zweige. Ein vielstimmiges Pfeifen wie von Schichten von Vögeln gab eine Ahnung der Weite dieses Fichtenwal-

des. Die Vögel, erklärte Keller, pfeifen nicht zu unserer Unterhaltung. In solchen Augenblicken glauben wir immer, daß der Vogel sich selbst Kraft und Schönheit und Glück über das Leben verkündet. In Wirklichkeit stoßen die Vögel Signale aus. Zum Beispiel Schreie der Angst.
Das erklärt, warum sie so pfeifen, wenn wir durch den Wald gehen, meinte Isabel. Hinter Kellers Rücken machte sie Faxen. Wir ließen uns belehren. Unsere vorgetäuschte Unwissenheit munterte Keller auf. Wir gingen hinter ihm her und zwinkerten uns zu.

Der Weg wurde schmal, verlief in einige Fährten, die im Zickzack hinauf und hinunter führten. Keller suchte auf der Wanderkarte unseren Standort, er wollte zum Steinbruch hinauf; wir fanden den Punkt einer Hütte. Wo sind wir, fragte Isabel. Wie Schlingen lagen auf der Karte die Wege ineinander.
Wir gehen falsch, meinte Isabel. Dies sind Höhenkurven, belehrte Keller. Ihr müßt euch den Berg in waagrechte Schichten zerschnitten denken. Die um den Berghang geschlossene waagrechte Schnittlinie verbindet Punkte in gleicher Höhe und gibt die Gestalt des Berges, von oben gesehen, wieder.
Was würdest du ohne mich tun?
Keller drückte Isabels Kopf in seiner Armklammer an die Brust, rotes Haar rutschte über die Karte. Wir marschierten hintereinander. Bei jeder Kehre wartete Keller und zeigte auf der Karte die Strecke, die vor uns lag, verglich diese mit dem zurückgelegten Weg. Der Steinbruch war überwachsen. Nach der Karte hatte ich ihn mir größer vorgestellt.
Wir sind irgendwo falsch abgezweigt, sagte ich. Ihr müßt Karten lesen lernen, meine Damen. Wie kann man sich

durchs Leben schlagen, wenn man nicht einmal Karten zu lesen versteht.
Nicht mit trockener Kehle, Richard.
Keller hob Isabels Kinn, erinnere dich an unser Prinzip: am Morgen kein Alkohol. Er küßte ihre Nase. Isabel drehte sich weg, deine Prinzipien, Richard, nicht die meinen.
Sie schob ihre Hand unter meinen Arm. Wir marschierten zur Wirtschaft am Waldrand. Dort breitete Keller die Karte auf dem Gartentisch aus, fuhr mit dem Zeigefinger über Straßen, pochte auf Zeichen, erklärte. So lesen sich Wanderkarten; einfacher als Schnittmusterbögen.
Jetzt findest du dich überall zurecht, Isabel.
Er umschloß ihre Faust, die auf der Zeichenerklärung lag.

Isabel zog ihren Stuhl zu Richard. Wenn er mich ansah, drehte sie seinen Kopf sofort in ihre Richtung und schob beleidigt den Mund zusammen. Ein Vogelgesicht. Und wenn ich in jemandes Richtung blickte, dasselbe Spiel mit mir. Keller und ich waren Isabel-Besitz.
Ich lockte die Schäferhunde, einer schnupperte an meinen Händen und wanderte träge weiter. Hinter dem Sonnenschirm entdeckte ich den Donnerstagabend-Mann.
Die mögliche kleine Geschichte.
Er lehnte an der Wand des Schindelhauses und klatschte mit der Hand auf den Schenkel. Befehl für den Schäfer, von mir zu ihm zu wechseln. Eine über den Hund hergestellte Verbindung. Hinter ihm im offenen Fenster bewegte der Wind von der Decke hängende Coupe-Schilder. Er war allein, ich hatte ihn nie in Begleitung gesehen. Die Kellnerin an seinem Tisch zählte Getränke auf. Trachtenspitzen um den Ausschnitt hoben sich mit den Brüsten. Er tat, als bemerke er nicht, wie tief die Frau sich vorbeugte und die

Brüste sich aus den Spitzen hoben, oder die Frau interessierte ihn wirklich nicht. Er zündete eine Zigarette an und sog den Rauch in sich. Seine Hand wälzte das Feuerzeug auf den Kanten über den Tisch.
Ich blickte ihn über die Schulter an, ein wenig herausfordernd, keck. Als nehme der Mann all seinen Mut zusammen, begann sein Kopf leise zu zittern, er schien mir etwas zurufen zu wollen, der Satz bewegte ihn, er atmete die Wörter, sein Mund spitzte sich. Aber er sagte die Mitteilung in sich hinein. Dann lachte er. Ein herzliches, ansteckendes Lachen.
Isabel faßte meine Hand. Wer ist der Mann?
Ihr beleidigtes kleines Vogelgesicht.

Nur ein paar Wolken.
Sie rollten weg. Aber das Blau war unter einem Schleier.
Zum Fotografieren waren die Berge zu unklar.
In Gedanken rannte ich nach allen Richtungen.

Du willst das absolute Glück, schrieb Mr. One. In Deinem Anspruch bist Du maßlos. Er sei genauso. Wer oder was, meine Lisa, könnte uns genügen? Wir sind nicht in diese fantastische, wunderbare Welt mit ihren unermeßlichen Möglichkeiten hineingeboren, nur um alles zur Kenntnis zu nehmen und im übrigen genügsam zu leben.
Er habe bekommen, was er wollte. Und er wünsche mehr. Ich wurde für meine Ideen eingesperrt, gefoltert, zum Tode verurteilt, schrieb er. Aber ich bin noch immer da und bin verliebt ins Leben. Ich mache Pläne. Sie haben mit Dir zu tun. Ohne ein Ziel, ohne einen Glauben ist der Alltag unerträglich.
Die schönen Briefe eines Romanschreibers.

Seltsam, für jemanden ein Ziel darzustellen. Seine Briefe befanden sich in meinem Reisegepäck. Ich las manchmal darin. Immer fiel die Bezeichnung «schön» mir ein. Mehr hätte ich über unsere Beziehung nicht zu sagen gewußt. Er schrieb mit Maschine und ließ links einen breiten Rand, den ich lochen konnte. Die Briefe füllten einen Aktenordner.
Immer öfter war die Rede von einem Grundstück im Steuerparadies. Es sollte einsam auf einem Berg von einer hohen Mauer umgeben sein. In dieser Festung stellte One mich nackt, unter alten Bäumen gehend vor. Zwischen Bronzefiguren und seltenen Pflanzen eine lebende Skulptur, geschaffen für die Augen eines Mr. One.
Es muß anderes geben. Statt von jemandem geschaffen werden, statt zu genießen, was andere schaffen, könnte, sollte, müßte ich. Ich muß einmal selber etwas ändern.

Geehrter Herr Direktor, ich bin das äußerste und entbehrlichste Glied dieses Geldinstituts. Trotzdem verwahre ich mich gegen die immergleichen Handgriffe, meine täglichen winzigen Verletzungen im Dienste dieser juristischen Person. Ich wehre mich gegen die Schwemme von Reglementen, die mir keinen Freiraum lassen. Was bleibt mir anderes, als von einer neuen Landschaft, einer neuen Begegnung, einer neuen Erfahrung zu träumen?
Aber was bedeuten kleine Abweichungen in der Ferne, diese meine lächerlichen Hüpfer. Ich bin verstümmelt, meine Herren, einzig von wahnwitzigen Hoffnungen belebt. Das muß jetzt ändern. Ich wende mich ab.

Ich lief über das Feld. Lief für mich allein und nicht als Bild für Isabel. Die trockenen Erdrillen der Traxspur zerstoben

unter meinen Schuhen. Auch an diesem Tag trug ich das rote Kleid, das der Deltasegler, mitten im geschürften Erdfleck, bei seinem Flug hätte entdecken können. Lastwagen kippten Erde auf Schiefer, zwei Gärtner rechten den Humus auseinander, ein dritter streute Samen. Mit Stroh deckten sie die neue Böschung ab, beschwerten so die lockere Erde auf dem Schiefer. Keine Menschen an den Fenstern und auf den Balkonen des ersten Hochhauses. Ein Haus ohne Leben. Wie der See, in dem es keine Fische gab. Wie ich, in der es kein Gefühl für einen andern gab.
Ich sprang über Ziegelsteine und Unrat, stieg auf einer Hühnerleiter ins erste Stockwerk des Hochhauses im geplanten Dorf. Die Wohnungen standen offen. Man hämmerte und bohrte und brüllte durchs Treppenhaus. Die Außenfassade war gestrichen, doch vor dem Eingang rührte ein Arbeiter Zement. Der Maurer drängte mit einem Kessel an mir vorbei. In Wochen oder Monaten wird der Innenausbau fertig und das Hochhaus bezugsbereit sein. Er schwang den Kessel von seiner Schulter. Von außen nach innen gebaut, würden sich die Häuser leichter verkaufen. Ein Trick. Auf den ersten Blick ist das Hochhaus bezugsbereit. Er lachte und warf Mörtel an die Mauer.
Ich ging hinaus an die Sonne.
In der Ferne eilte eine Frau gegen den Fichtenwald. Ihr Haar war ein helles Gespinst. In der Sonne blitzten ihre Schuhe auf, ein regelmäßiges Blinken. Schuhe in dreihundert Metern Entfernung; Sonne darauf. Einen Augenblick hätte ich vor Freude über diese Entdeckung schreien mögen. Gewöhnlich nehme ich später erst, im Rückbesinnen, die Bilder wahr. Da fallen mir Kleinigkeiten auf. Ich halte den Film im Kopf an, betrachte einzelne Szenen wiederholt oder ich erfinde Varianten. Stundenlang sitze ich reglos

und erdenke Erlebnisse neu. Mein eigentliches Leben spielt sich im Kopf ab. Es ist eine Welt, zu der niemand Zutritt hat.

Lieber Herr, lieber anziehender Mann, trotz abgenutztem ABC der Männernamen ist etwas in mir noch ganz und gar. Ich begann von neuem.
Lieber Freund, das Beste in mir ist noch unverbraucht, ich beschwöre Sie, treten Sie aus der Masse der Passanten.

Im Park des Hotels «Alpina» saß der knochige Alte steif und unbeweglich auf einer Bank. Frau Klein zog ihren Liegestuhl in seine Nähe, legte die dicken Hände ineinander und redete auf den Mann ein.
Ein Helikopter brauste heran. Sein Libellenschatten schoß über den Rasen. Die Menschen in der Glaskabine wie Testpuppen. Der Helikopter schwebte lange über dem See, sein Schwanz pendelte leicht. Plötzlich neigte sich der Flugkörper, zog eine Kurve und glitt über das Dorf weg. Ich glaubte, Isabel erkannt zu haben. Eine Testpuppe im Glasgehäuse.
Der Alte hatte die roten Lider keinen Moment geöffnet. Vielleicht nahm er nur die Welt unter seinen Lidern wahr; und er kam aus mit Reizen, die er früher erhielt, die möglicherweise noch einige Abwandlungen zulassen. Wenn er Glück hat, stirbt er, ehe alle Möglichkeiten erschöpft sind.
Die furchtbare Vorstellung, mit geschlossenen Lidern dazusitzen und zu warten.

Ich hatte Lust, den Ort zu wechseln.
Ich erkundigte mich nach dem kürzesten Weg auf die andere Seite der Alpen. Welchen Ort ich denn erreichen wolle,

fragte Escher. Je nach Reiseziel wäre die eine oder andere Straße vorzuziehen.

Edith Huber, die Nachbarin, schweigt nur und lächelt und streichelt den Hund, wenn ich von gemeinsamen Ausflügen nach Weißwohin oder von tausend Unternehmungen spreche.
Wir fahren ohne Karte, wir fahren nach links und nach rechts je nach Laune, wir fahren ohne Ziel und denken nicht an Rückkehr. Du hast Ersparnisse, ich habe Ersparnisse, alles andere wird sich ergeben.
Edith lacht. Am Anfang sagte sie noch, wir werden sehen. Jetzt schaut sie nur noch belustigt vom Hund zu mir.
Ich mache wohl zu große Pläne?
Edith antwortet nichts. Sie geht in die Küche und kocht nach einem neuen Rezept. Ich höre ihr Hantieren, die kurzen, harten Schritte. Essensduft holt mich von meinen Reisen zurück. Ich wähle ein Buch aus dem Stapel neuer Bücher und mache am Rand Notizen.

Ich schrieb an die Einwohnerkontrolle.
Meine Herren, ich trete demnächst aus dem Schutz eines soliden, geordneten Daseins und bitte Sie, meine Papiere entsprechend zu korrigieren.

Die Vormittage verbrachte ich gewöhnlich allein.
Licht in den Ritzen der Fensterläden weckte mich früh. Im Zimmer 314 regte sich noch nichts. Das Rauschen des Wassers schien nebenan nicht zu stören.
Die schlecht isolierten Rohre verstärkten alle Geräusche. Das Knirschen der rutschenden Leiber in den Badewannen war deutlich und durchdringend.

Das Modell des neuen Dorfes stand im Schaufenster des Maklerbüros. Im verkleinerten Maßstab, ein belebtes Dorf. Skifahrer strebten von den Hauseingängen zur Gondelbahn, Wagen tauchten in die unterirdische Garage, auf den Balkonen sonnten Figürchen in Liegestühlen.
Das Maklerbüro war von 10 bis 12 Uhr und von 15 bis 18 Uhr geöffnet. Lächelnd knöpfte der Händler die Jacke zu und breitete die Pläne aus. Verzögerungen, erklärte er, seien durch die Rezession und einschränkende Gesetze bedingt. Terminüberschreitungen, wie sie im Baugewerbe üblich sind. Er ließ die Mine im Kugelschreiber aus- und einklappen. Man könne diese Gesetze wie jedes Gesetz umgehen. Ein Strohmann, Sie verstehen? Ausländische Anleger seien willkommen.

Ohne zu tippen, saß die Gehilfin krumm hinter ihrer Schreibmaschine. Er unterstrich auf der Planskizze, was für einen Besitzer der ungewöhnlich günstigen, außerordentlich geräumigen Maisonettewohnung wichtig ist, rühmte den raffinierten Ausbau und die guten Verkehrsbedingungen. Sein Blick: Als hielte er mich für die zukünftige Besitzerin oder die Strohfrau.
Strohfrau? Was ist eine Kassahilfe anderes für einen fernen Mr. One?
Ich fragte nach der Kleinstwohnung, einem Studio. Ein Appartement, das nicht zu groß für mich ist.
Als könnte man von einem Moment zum andern sein Leben verändern.
Der Händler schien enttäuscht. Er gab vor, in Eile zu sein, winkte die Gehilfin her, und ich mußte mir die Pläne für ein Studio von der Frau mit den durch dicke Brillengläser verkleinerten Augen zeigen lassen.

Bei einem Bancomaten warteten Roths auf herauswalzende Noten. Sie erinnerten mich an Figuren eines Fernsehfilms. Das Schicksal der Menschen hing in diesem Film von gespeicherten Daten ab. Die Schalterbeamten waren durch Geldautomaten ersetzt. Mit der Bancomatkarte wurde einbezahlt, ausbezahlt und der neue Kontostand aufs Formular gedruckt. Es gab in der Schalterhalle eine Arbeitskraft in der Information, die zweite Arbeitskraft bediente den Computer. Die leeren Maschinensäle, diese Cockpits für Roboter, waren für mich wie ein Blick in die Zukunft unserer Bank.
Wir haben auf Computer umgestellt. Ich erledige viel Codierarbeit.
Viereckige Augen, rotierende Stäbchenzahlen in der Iris, das sind die besonderen Merkmale, die in meinem Paß vermerkt sein müßten.
Früher machte ich Schalterdienst.
Dies war das Büro einmal für mich: Ein Raum, den ich gern betrat, wo ich mit Kunden plauderte. Dann die Überfälle, die Sicherheitsvorkehrungen mit Panzerglas und Alarmsystem. Wo bleibt der warme Empfang, beschwerte sich ein Kunde. Legen Sie draußen den Mund aufs Glas und ich lege drinnen den Mund aufs Glas und schieben Sie Ihre Fingerspitzen unten in die Marmormulde.
Ich hatte allmählich das Gefühl, am Schalter am falschen Platz zu sein. Bei der Filiale gab man mir einen Platz im Hintergrund. Im Vordergrund steht heute der Computer, das Wundermaschinchen unseres Technikers, das einfachste Gerät der Welt unseres Hauptkassiers, dieses mein summendes Ding mit dem wirren Innenleben aus Drähten und Spulen. Der Hauptkassier bedient den Terminal wie im Schlaf. Ihm passiert es nicht, daß nach einer ungeschickten

Manipulation das Tastaturfeld wie von Geisterhand sich bewegt, mit einem leisen Knacken die Typen auf den Papierstreifen zu klopfen beginnen und bedeuten FALSCHE BEDIENER-IDENTIFIKATION oder TRANSAKTION NICHT ERLAUBT oder SPERRUNGSNUMMER NICHT GEFUNDEN oder SPESEN ZU GROSS oder SUCHSCHLÜSSEL ERWEITERN oder BANKSTELLE NICHT NUMERISCH oder RUBRIK NICHT IM SYSTEM oder KEINE VERBINDUNG UNTER DIESEM KEY oder HEFTSALDO FALSCH X ZZ, ZZZ, ZZZ. ZZ.
Das Maschinchen erleichtert unsere Arbeit, meint der Hauptkassier. Was wären wir ohne dieses Maschinchen? Der Einführungskurs, Fräulein Plüß, dauert 14 Tage, und Sie sind nicht auf den Kopf gefallen. Die Alexandra hat alles rasch begriffen, und wenn die begreift, warum nicht auch Sie, in Ihrem Alter, oder wollen Sie nicht?
Es gibt genug, die nicht wollen. Wer nicht will, ist unbrauchbar für den Schalterdienst und steigt zum Hilfsdienst ab. Aber Leute wie ich haben nicht viel zu verlieren. Wir wechseln leicht von Abteilung zu Abteilung. Einziges Problem: die Gewöhnung an andere Mitarbeiter. Der Lohn bleibt derselbe. Bin ich als Kassahilfe nicht zu teuer?
Das geheimste Bankgeheimnis, Alexandra, wenn wir schon von Bankgeheimnis sprechen, ist unser Lohnwesen. Bin ich besser oder schlechter als Kolleginnen oder Kollegen derselben Stufe bezahlt?
Gerüchte, Mutmaßungen. Genaues erfahren wir, die wir in der Pause rätseln, nie. Wir kennen die Löhne der Angestellten aller Betriebe mit Lohnkonto. Nur über uns wissen wir nicht Bescheid.
Liebe Kollegen, ich wundere mich über unsere Vorliebe zur Geheimhaltung. Ich sage, wie ich höre, wechseln Sie un-

gern in die andere Abteilung. Entsetzt antwortet der Kollege: «Wer hat dies gesagt?» Und ich, als hätte ich eine Ohrfeige für vorlautes Äußern bekommen, fange zu stottern an, wie gut ich verstehe, daß ich nachfühlen kann.
Wir sichern uns gegeneinander ab.
Warum tun wir, als bestünde das Leben aus banktechnischen Problemen? Als wäre der Geschäftsgang unsere einzige Sorge und wir lebten nur für unser Geldinstitut, für diese acht Stunden am Tag.
Ich teile Euch mit, ich, das Visum LP, lebe für mein Gehalt am Ende jeden Monats, für die Pension im dreiundsechzigsten Altersjahr, für drei Wochen Ferien im Jahr. Keine andere Leidenschaft bindet mich ans Geldinstitut, kein Liebesverhältnis, nichts. Es ist fast schon pervers, daß man seinen Leib und seine Sinne acht Stunden einem Geldinstitut zur Verfügung stellt. Ich wüßte sie lustbringender einzusetzen.
Allerdings gibt es ein paar Gesichter, die ich gerne sehe, Menschen, mit denen ich gerne in der Kantine sitze. Aber was wissen wir voneinander?
Habt Ihr, habe ich jemals die Verzweiflung über einen Schicksalsschlag herausgeschrien? Wann warf sich jemand über das Pult und weinte? Wann summten wir vor Glück? Pappbecher in der Hand, sitzen wir uns gegenüber und bereden Sportresultate, Leistungen von anderen. Mit unseren Mänteln und Taschen deponieren wir unser Privatleben im Metallschrank des Kellers, und wir treten ins Bankgeheimnis.
Meine Gefühle, liebe Kollegen, haben sich der Umgebung angepaßt. Jedermann muß mich in der grauen Farbe unserer Maschinen sehen. Aber unter diesem Grau bin ich bunt, da schreit es von Farben, da hungert es nach Farben. Ich

kann Euch nicht schildern, mir fehlen die Worte, ich wünschte, Ihr würdet verstehen.
Ich bin hier, Hunderte von Kilometern entfernt, noch immer in Reichweite des Arbeitsplatzes. In den Wagen sollte ich mich werfen und die Serpentine hinunter, auf der anderen Talseite hinauf über alle Berge fahren.

Die Mittagsstille war unsere Zeit.
Ich vernahm das Stühlerücken auf den Balkonen. Unterwäsche wehte da und dort an einer Schnur zwischen gerankten Eisengeländern. Aus Liegestühlen ragten geölte Glieder. Stimmen, leise und trocken wie in einem schalldichten Raum. Welche Ruhe! Ist diese Aussicht nicht schön? Duftet es nicht herrlich? Fragen, die ohne Antwort blieben, keine Antwort verlangten. Manchmal hörte man ein träges Ja.
Auf dem Nebenbalkon kauerte Isabel, immer auf der Suche nach Kühle und Schatten, unter einem Sonnenschirm.
Sie liebt die Dunkelheit, die Nacht, die schwarze Farbe, das Auffallende, Morbide, Welke. Liebt, was ich verabscheue.
Richard Keller redete in Richtung des Felsmassivs. Haben wir es nicht schön zusammen? Seine Hand klopfte gegen die Lehne des Liegestuhls. Diese Aussicht, diese Berge! Stell dir Material- und Menschenverschleiß vor, wenn uns ein Gegner da angreifen wollte. Ja, antwortete Isabel schläfrig.
Ich lehnte weit übers Geländer.
Laut und deutlich sagte ich, uns greift jetzt niemand an.
Kellers zwei Rosa-Arme faßten unter den Liegestuhl. Und als wäre der Stuhl ein Schneckenhaus, stampften seine Rosa-Beine eine halbe Drehung mit ihm um. Er lag nun mit dem Rücken gegen meinen Balkon. Ich sah das Schwanken des gebauchten Segeltuchs mit dem angedeuteten Schnitt seiner Hinterbacken.

Jeden Tag dieses Warten, bis seine Stimme träger wurde, der Kopf mit dem Baumwollhut auf die Brust sank und wir aus den Zimmern schleichen und ins Freie konnten.
Wir fuhren in die Umgebung. Wir wanderten. Isabel zeigte Plätze, die Keller als Offizier gehalten, gestürmt, vermint, beschossen, belauert oder umgangen hatte, oder wo er einen strategischen Entscheid fällte. Er kannte die Geographie von Militärübungen und brachte sie Isabel bei. In jedem Hügel, sagte Isabel, vermute sie nun eine Festung, in jeder Berghöhle einen Belüftungsschacht oder eine Kanonenöffnung. Die Tarnfarbe der Militärfestungen sei so natürlich, daß man echten Fels kaum von einer Attrappe unterscheiden könne. Einmal hatte Keller ein Kroki des Geländes mit den Stellungen verschiedener Abwehrwaffen gezeichnet.
Es war ausgerechnet in einem supponierten Minenfeld, da Isabel sich mit Richard ins Gras fallen lassen wollte. Dort hätte sie aber ein supponierter Feind mit dem Feldstecher entdecken können, und ihre beiden nackten Leiber hätten einem supponierten Geschütz Angriffsfläche geboten. Mich hätte dies nicht gestört, sagte Isabel. Meine Lust war nicht supponiert. Keller ist mit ihr ins Hotel zurückgekehrt, und erst im Zimmer habe er seine Hose geöffnet.

Wir fuhren zu einem Bergdorf auf der andern Seite der Schlucht. Licht und Schatten sprengten über den Strohhut auf Isabels Schenkeln. Die Bändel bebten. Wir leben, das ist keine Illusion. Gleich heben wir vom Boden ab.
Sie schmiegte sich ins Polster. Baum um Baum flog hinter den Kühler. Die Wiesen waren hier ungemäht. In den Kurven sanken Isabels Knie gegeneinander, schwangen zurück und sanken auf der Gegenseite zusammen.

Dieses Schaukeln eines Leibs lenkte mich von der Fahrbahn ab, machte es mir schwer, auf diese gefährliche Bergstraße mit ihren vielen Kurven zu achten.
Straßenarbeiter hielten mit einer Kelle das Auto an, schmetterten Teer über eine Straßenhälfte. Unser Auto rollte vorüber, sie lehnten einen Ellbogen auf den Schaufelstiel und winkten. Ich kreuzte wartende Fahrzeuge und fuhr nahe am Fels. Glockenblumen hingen über den Stein, und Isabel pflückte die blauen Blüten. Eine Blume steckte sie mir über dem Ohr ins Haar, mit den andern umkränzte sie das Armaturenbrett.
Nach der ersten Kurve über der Schlucht tauchte das Schild mit dem Ortsnamen auf. Beide sahen wir darüber weg. Die Übereinstimmung alter Paare. Unser Ziel ist einfach: das Dorf. Unser heutiger unbekannter Ort. Es war eines der Lichtnetze, die nachts vom Berg herüberglimmten. Vom Aussichtspunkt unseres Ferienorts lag das Dorf im Drehwinkel des Fernrohrs: zusammengeschürfte Bauklötze. Von bloßem Auge konnte das Dorf als Webfehler in grobem Tweed gehalten werden.
Eine Kirche mit dicken Mauern und tiefliegenden Fenstern überragte die dunklen Holzhäuser mit ihren Schieferdächern. Die Speicher standen auf geschichteten Steinsäulen. Gegen Mäuse, sagte Isabel, und hob ihren Kleidsaum an. Ihr Herr Keller hat ihr alles oder fast alles erklärt.
Gärten für Gemüse, nicht für ruhende Menschen. Kaninchen und Hühner hinter einem Zaun. Die Kaninchen streckten sich neben ihren Grabgängen aus, kauten, wirkten träge und gelangweilt. Ein Huhn warf den Kamm über eines der roten Augen, betrachtete uns mit ruckendem Kopf. Isabel steckte Gräser durch den Zaun. Zwei krumme Beine schlurften mit einer Hutte voll Holz über abgeschlif-

fene Steinstufen in einen Speicher. Durch die Klaffen der Holzwände sahen wir die Weidenhutte ins Innere wanken und kippen. Scheite purzelten auf einen Haufen.
Auf den steilen Haustreppen saßen dunkel gekleidete Frauen. Sie hörten zu stricken, sticken, plaudern auf und beobachteten uns, die wir auf Stöckelschuhen übers Kopfsteinpflaster trippelten. In allen Durchgängen tauchten Frauen auf in derben Schuhen, schwarzen Strümpfen, schwarzen Röcken, schwarzweiß gemusterten Schürzen und Kopftüchern, die im Nacken zu einem Wulst gedreht und verknotet waren. Schauten hinter Windeln hervor, spähten durch zügige Speicher: die Augen des Dorfes.
Wir gingen an ihnen vorüber. Die Frauen verstrickten und verstickten zwei hell und leicht gekleidete Fremde in ihre Muster. Im letzten Haus nahm eine Frau Kaktustöpfe vom Sims des winzigen Fensters, reihte die Töpfe auf dem Mauervorsprung, wischte die Hände an der Schürze und wartete.
Der Ferienort auf der andern Seite der Schlucht war nicht zu sehen, aber Autos, die sich über die Serpentine wanden.
Wir saßen auf dem Lattenzaun, mit baumelnden nackten Beinen. Hinter uns eine Herde Kühe. Sie weideten nicht, ab und zu bimmelte eine Treichel, weil eine Kuh den Rücken beleckte oder mit Schwanz und Huf Fliegen wehrte.
Isabel sprang vom Zaun, schüttelte die Bänder ihres Strohhuts und bog die Blumen zurecht. Die Krempe mit den Fingerspitzen haltend, setzte sie mir den Hut vorsichtig auf. Sie raffte mein Haar, hob es wie Vorhänge und ließ es mit Schwung über meine Wangen fallen.
So bist du schön.
Sie lehnte sich leicht gegen meine Knie, ihre Hände lagen auf meinen Schultern.

Das Auge des Dorfes vergrößerte sich.
Eine Hitze in meinen Wangen. Ich glaube, ich zitterte. Eine Erregung, als ritzte ein Fingernagel über meine Wirbel hinauf zum Nacken und über den Scheitel, auf dem Isabels Hut auflag. Das erstemal berührte mich eine Frau. Und ich saß da, auf einem Lattenzaun in einem fremden Dorf mit diesem Strohhut, ließ ihre Hände auf meinen Schultern und zog meine Knie nicht unter ihrem weichen Bauch weg.

Auf einem Dach in der Nähe der Kirche sammelte ein Mann Ziegel und ließ sie auf einer Rutsche zu Boden sausen. Ein Ziegel sprang aus der hölzernen Umfassung und zerschellte an der Friedhofmauer. Der Mann auf dem Dach hob die Arme, als wollte er sich entschuldigen. Auf den Kanten seiner Turnschuhe ging er zur Giebelspitze.
Isabel zog mich an beiden Händen vom Zaun.
Zitronenfalter flackerten über die Grabsteine, nahmen ihnen das Düstere, machten das Gräberfeld zum Steingarten, zu einem Ort, wo es Bewegung gab, wo Blumen dufteten.
Auf einem frischen Grabhügel waren Kränze aufgetürmt. Viele Grabsteine trugen ein Medaillon mit dem Bild des Verstorbenen.
Jung, schön, geliebt will ich sterben, sagte Isabel. Sie lehnte ihre Stirn gegen die meine. Der Strohhut verschob sich, rutschte und fiel auf das Grab eines Jünglings.
Eine Grabreihe zwischen uns, wanderten wir zum andern Ende der Friedhofmauer. Im Vorübergehen sprengten wir die Gräber, wechselten zur nächsten Reihe und wanderten zurück. Das große Auge des Dorfes schielte auf seine Toten.
Ohne Unfall muß ich die gefährliche Felsenstraße hinaufgekurvt sein. Muß Isabel ihrem Herrn Keller zurückgebracht haben.

Und die Stunden bis zum Abend gingen um.
Arrivée, rief der Portier ins Büro des Wirts und hastete hinaus. Vor der Drehtür warteten die Angekommenen zwischen ihrem Gepäck. Der Wirt erschien, wiegend, fröhlich, sich nach links und rechts verbeugend. Seit Wochen sei hier gutes Wetter. Nicht zu heiß, nicht zu kalt. Viel Betrieb. Die Zimmer ruhig, ausnahmslos.
Nach Zimmerbezug ein Willkommensgetränk in der Bar. Übergabe von Prospekten, Veranstaltungskalendern, Wanderkarten. Erläuterung der vielfältigen Möglichkeiten in diesem einmaligen Fremdenkurort mit besonders angenehmem Klima, auf einem sonnenreichen Hochplateau.
Der Speisesaal am Abend von Stimmen brausend. Ich saß an meinem Beobachtungsplatz. Ein Neuer winkte seine suchende Frau zu Tisch acht. An seinem weinroten Blazer hing ein Schild «Hallo my name is Mr. Smith.» Die Hand im Hosensack klimperte mit Münzen und Schlüsseln. Mrs. Smith, eine Dame mit hellblauer Schmuckbrille, ließ sich vom Wirt den Stuhl an den Tisch rücken.

Der Abend auf Barstühlen.
Der Wirt machte die weiblichen Gäste mit seinen Freunden bekannt. Die stellten die Fragen, die sie jeden Abend den weiblichen Gästen ihrer Wirtefreunde stellen. Was darf ich offerieren? Wollen wir das Lokal wechseln? Wollen wir tanzen? Wie lange bleiben Sie? Wie gefällt es Ihnen?
Der Spiegel hinter den Schnapsflaschen zeigte Köpfe, die sich entgegenneigten. Ich umklammerte mit beiden Händen mein Glas, lächelte gehemmt und betrachtete den auf- und niedermixenden Becher in der Hand von Theresa. Ein Freund des Wirts stellte sich hinter meinen Barstuhl. Eine reizende Frau und alleine reisen und man hat sich heute,

welch ein Glück, wenigstens nicht verpaßt. Er neigte den Mund zu meinem Ohr. Das rosarot getönte Spiegelglas hinter den Schnapsflaschen zeigte mich vom Freund des Wirts umhegt. Zwei Männerhände streichelten meine angepreßten Oberarme. Ich überließ seinem Zeigefinger meine Handlinien, und man sagte mir ein langes liebereiches Leben voraus. Der Wirt klopfte im Vorübergehen seinem Freund auf die Schulter und zwinkerte ihm zu.
Er hat mehr Freunde als weibliche Gäste. Die schauen im Verlauf des Abends alle einmal in die kleine Bar, machen ihren Rundgang durchs Dorf; sind aller Wirte Freunde.

Ein Sommer meines Lebens.
Der Sommer ist vorbei, wenn ich mit meinen Kollegen die Bank betrete, meine Tasche in meinen Metallkasten hänge und zu meiner Abteilung eile.
Ich bin im Türspion. Ich werde eingelassen. Ich kehre zu Gesichtern zurück, die nach drei Wochen Ferien ein wenig fremd geworden sind. Und ich beneide die Kunden, die mit zerzaustem Haar in die Schalterhalle treten. Leute, die draußen herumgehen dürfen, während ich hier meinen Tag absitze. Die wiegenden Äste der Linden sind durch Ritzen der Kunststoff-Jalousetten zu sehen. Bald Herbst. Die Kunden unterschreiben mit von der Bise steifen Fingern und glauben, sich für die ungelenke Schrift beim Hauptkassier entschuldigen zu müssen.

Sehr geehrter Herr Archivar, unser Kontrollorgan hat wiederholt mein waghalsiges Zutrauen zur Kundschaft festgestellt. Ich lehne in Zukunft jede Verantwortung ab. Legen Sie diese Karte zu den Akten. Ich frage Sie, Herr Archivar, kann man Mißtrauen erlernen, wie man Stenografie oder eine Fremdsprache erlernt? Wenn ich also heute noch ausnahmsweise am Schalter mithelfen muß, dann auf die Verantwortung des Herrn Hauptkassiers.

Mein verliebtes Paar, Euer Geflöte paßt ins Schmierentheater. Dort würde diese überaus gefühlvolle Interpretation einer Krankheit sogar bezahlt.

Im Zimmer 312 ein wachsender Turm von Ansichtskarten. Keine wagte ich abzuschicken.
Die Vormittage waren endlos. Die Wanderwege ermüdeten mich, die Schaufenster wurden nie gewechselt. Ich saß bis zum Mittagessen im «Alpina» herum und beschrieb Ansichten von einem sonnigen Fremdenort. Ich stellte mir vor, wie ich die Karten zum nächsten Briefkasten trage, die gelbe Metallklappe hebe und das Bündel in den Schlitz fallen lasse. Leerung bei jedem Postabgang, stand auf den Kästen. Mein Waffenstillstand hätte bis zum nächsten Postabgang gedauert. Dann hämmerten Stempel, graubraune Säcke würden in Güterwagen geworfen, auf Schleppwagen umgeladen, geleert, sortiert, in Postfächer und Briefkästen gesteckt.
Krieg bricht aus.
Krieg, ein gewaltiges Wort für das Aufmucken einer Kassahilfe. Diese Karten hätten nicht einmal Verärgerung, nur Verwunderung ausgelöst. Die Kassahilfe Plüß erheitert ein Geldinstitut mit Ansichten.
Niemand verlangt, daß ich mutig und eigenwillig bin. Die flinken Maschinenschreibfinger sind gefragt. Was man von mir verlangt, steht im Reglement. Was nicht im Reglement steht, ergänzt der Hauptkassier. Was der Hauptkassier nicht ergänzen kann, befragt er den Computer, was der

Computer nicht speichert, erarbeitet das Organisationsbüro, der Kopf, die Planungsstelle.

An die Herren der Planungsstelle.
Sie engen mein Denken ein. Der Aufdruck «Dieses Formular ersetzt alle bisherigen Formulare» löscht meine Erinnerung an zu vernichtende Reglemente nicht sofort aus. So haben sich gültige und ungültige Reglemente angesammelt, verheddern sich, verwirren mich. Ich werde nervös, mein Herz flattert. Kein Zweifel, dieses Organ ist vorhanden und unterscheidet mich von einem Roboter.
Meine Herren, Sie zählen auf die Registraturabteilung meines Kopfes, aber Sie müssen die Abteilung für Phantasie vergessen haben. Die Anzahl der Fehler stärkt oder schwächt die Position. Fehlerlose Arbeit verschafft Ansehen. Ansehen verschafft Macht. Aber dazu müßte ich mein Querdenken ausschalten, ich müßte mitdenken im Sinne des Kopfs. Fehler passieren, wenn ich den Rhythmus verliere, den Ablauf durcheinanderbringe, die automatische Handlung durch einen Gedanken unterbrochen wird. Der Computer verlangt Exaktheit. Er reagiert unverzüglich. Der Computer hat das Reklamieren eingeführt. Ich nehme das Telefon ab und werde über meine Fehler informiert. Ohne Gruß wird eingehängt. Ist das Telefon besetzt, werden Reklamationsbriefe geschrieben und per Rohrpost eingeschossen.

Manchmal wünsche ich dem Kopf einen Schmerz, ein Schwindelgefühl, einen Tumor. Ich dürfte dann wieder selbst, in meiner Eigenschaft als Glied mit Kopf, unbeobachtet, unvisiert, mit eigenen Sätzen, eigenen Formularen, allerdings weniger speditiv, praxisentfernter, waghalsiger, malerischer, unkontrollierbar, risikofreudig.

AUF KEINEN FALL werden Sie denken, werden Sie an die Gliedspitze kabeln, und meine Maschinenschreibfinger spicken über die Tastatur im Sinne des Kopfes. Ihre Angestellte.

Auf dem Tennisfeld suchte Mr. Smith einen Standort für seinen Fotoapparat. Mrs. Smith im Tennisdreß stellte sich aufs rote Feld, drehte den Oberkörper ab und hob das Racket wie zum Schlag in die Luft. Ihr Mann knipste sie einmal beim Forehand, einmal beim Backhand, einmal von fern, einmal von nah. Okay, rief er über den Platz. Mrs. Smith hörte zu lächeln auf und ließ den Schläger sinken. Ohne gespielt zu haben, verließ das Paar das Tennisfeld.

Liebe Gäste, Ihr mit Euren verbrannten Glatzen und heruntergerollten Söckchen, geht mir aus dem Weg. Ich erhebe mich jetzt und schreie und renne Amok.

Isabel, Liebes, Schönes, Dein Anblick wird mich erfreuen.

Mit Isabel bestand das Dorf nicht mehr nur aus Schaufenstern, malerischen Winkeln, ausgehängten Menükarten. Es wurde zum Menschendorf. Nach kurzem Aufenthalt kannte sie die Leidenschaften und Verwicklungen der Gäste hier. Isabel mußte winken, mußte stehenbleiben und Fremde anreden, mußte einen Blinden über die Straße führen, mußte ihren Freund, den Mann im Kiosk, begrüßen und wissen, wie die Operation seiner Frau verlaufen ist, ob die Enkel zu Besuch gekommen waren. Ich nickte den Fremden zu. Stand, wartete, ging langsam weiter, empfand Isabels Bekannte alle als Störung.

Platz da, riefen Jugendliche. Sie schoben einen Rollstuhl vorbei. Isabel eilte auf den Invaliden zu, wollte ihm wohl eine Nettigkeit sagen, ihm die Hand drücken. Im Rollstuhl saß aber eine wackelnde, menschengroße Stoffpuppe. Die Burschen grinsten, schienen auf diese Täuschung stolz zu sein. Entrüstet schleuderte Isabel ihre Arme der Puppe an den Hals und rupfte die Holzwolle aus ihrem Hemd. Eine Zuschauermenge sammelte sich. Der betrunkene Bursche am Rollstuhl griff nach Isabels Handgelenk. Einen Augenblick standen sie sich gegenüber. Blitzschnell biß Isabel zu, und der Bursche schlug sie zu Boden. Niemand griff ein, ich stand abseits neben einer Parkuhr. Die Burschen schoben den Rollstuhl weiter. Die Zuschauer gaben den Weg frei und zerstreuten sich.
Warum hast du dich eingemischt?
Ich zog Isabel mit mir fort. Wir bogen in eine Seitengasse, leise weinend ging sie neben mir her. Das muß in die Zeitung, sagte sie.
Sie haben sich mit dieser Puppe selbst zum Gespött gemacht, Isabel. Wir setzten uns in ein Straßenkaffee. Sie wühlte in ihrer großen Beuteltasche. Ein Röhrchen Tabletten fiel heraus, sie legte Briefe, Handcreme, eine zerfledderte Mao-Bibel auf den Tisch, fand das Schminkzeug und puderte ihre Nase.
Sie zeigte wieder ihr plötzliches, maskenhaftes Lächeln. Der Mund öffnete sich, zog sich in die Breite, aber die Augen veränderten sich nicht. Wie einen elektrischen Schalter betätigte sie die Gesichtsmuskulatur, stellte Lächeln an, stellte Lächeln ab. Es war für die Öffentlichkeit bestimmt. Im Kaffee waren viele Gäste.
Wenn wir alleine waren, konnte Isabel herzhaft lachen, sich den Bauch halten und lachen.

Mir entging nicht, wie gierig Isabel trank, wie unauffällig sie mehr Wein zu bestellen verstand.
Sie winkte einem Mann am hintersten Tisch, erzählte vom Alten in ihrer Nachbarschaft, der auf ihre Hilfe angewiesen ist, der immer neue Krankheiten erfindet. Ich ahnte Isabels Macht, andere durch Fürsorge und Hingebung abhängig zu machen. Die aufopferndsten Menschen sind die, die vom Umsorgten abhängig sind. Sie brauchen einen, der ihnen ganz gehört. Isabel gehören alle. Jeder müßte vor ihr geschützt werden. Sie gehört niemandem. Sie bewegt sich eine Weile im Rhythmus eines andern. Und ein Herr Keller hält sich ausersehen, diese Frau zu schützen. Aber sie ist kein Mensch, der sich schützen läßt. Sie hat die Wendigkeit, sich immer neu umzustellen und die zu sein, die der andere braucht, nach der er lange suchte und in Isabel nun endlich gefunden hat.
Der Mann erhob sich, kam zu uns und bat, an unserem Tisch Platz nehmen zu dürfen. Isabel tat überrascht und rückte ihren Stuhl zu Seite. Der Mann schüttete ihr den Zucker in den Kaffee, und sie zog die Haare über ihr Gesicht. Sie nannte sich Sarah.

Irgendwo im Getümmel, oder auf einem wenig begangenen Weg oder in einem dieser Häuser mußte der Mann sein, der mir gefiel, mit dem ich getanzt hatte.
Den Pullover trug ich jetzt ohne Büstenhalter. Ich marschierte mit gestrafftem Rücken durchs Dorf.
Trübes Sonnenlicht. Die Häuser warfen kaum Schatten. Hinter den Büschen in einem Garten surrte ein Drehspieß. Grillfleisch duftete. Im Verborgenen lachten Leute. Ich wäre gern in den Garten getreten, hätte den andern Teller und Brot weitergereicht, hätte mich als Glied eines Kreises ge-

fühlt. Am Ende des Quartiers bricht die Straße ab. Und ich wanderte zurück, stieg im Zickzack in den Wald.
Es gab nur dieses Gehen. Ich hackte den Absatz in den weichen, nachgiebigen Nadelboden, klappte die Sohle nieder, ließ mein Gewicht auf den andern Absatz fallen und den Fuß auf den Waldboden patschen. Der Boden fing auf und warf hoch.
Spüren, was ich tue, das hatte ich mir immer gewünscht.
Aufprallende Tennisbälle, dieses regelmäßige Klopfen von den Feldern her, gehörte in dieses Gehen. Der Wechsel von Licht und Schatten, die geschälten Holzstämme, die Fliegen auf dem Hundekot, mir schien alles unwirklich. Die Umgebung bildete eine Panoramawand. Ich stellte deren Achse dar.

Lieber, auf Deinem Bauch sitzend werde ich tausend Fragen stellen. An einer fiebrigen Du-Sucht will ich leiden. Nie im Leben bekomme ich genug von Dir. Ich gehe Dir jetzt entgegen, mit jedem Schritt bin ich Dir näher.

Isabel beschäftigte sich mit meinem Leben, kannte bald alle meine Bekannten; Edith, der Hund und meine Wohnung sind mein Zuhause, erzählte ich. Der Schmutz an den Fenstern, die verblühten Balkonblumen, die verkalkten Geräte scheinen mir oft unüberwindbare Hindernisse. Mir fehlt der Schwung, den andere so leicht aufbringen. Die Macht der vergehenden Zeit lähmt mich, ich weiß nicht warum.
Ich komme zu dir und helfe dir, sagte Isabel. Ich putze und koche für dich.
Sich in einer Beziehung ausruhen, wie bequem das sein müßte. Wer wünschte sich nicht, ein wenig abhängig zu sein. Die Hände im Schoß und die Verantwortung für sich

einem andern um den Hals gehängt. Isabel redete mir ein, daß ich jemand brauche, daß jeder jemand braucht. Ein Mann brauche eine Frau, die ihn versorge, eine Frau brauche einen Mann, der sie beschütze.
Mit dem Haar streifte ich einen Strick. Er baumelte von einem über den Weg hängenden Ast. Das ausgefranste Ende schwenkte hin und her, verhedderte sich und sprang auf. Ringsum flatterten Vögel aus dem Geäst und Laub segelte von den Bäumen.
Ich schreie jetzt in den Wald. Ich lasse diesen Wald von meiner Stimme hallen. Warum soll ich nicht den Mut haben, meine Stimme zu erheben?
Die lautlose Lisa, die vernünftige Lisa, die fügsame Lisa, die einlenkende Lisa. Wie ich diese Lisen hasse. Ich wünsche, sie abzuwerfen und ihnen davonzustürmen. Ich weiß, ich mache nur winzige Schritte. Jeder macht winzige Schritte. Nur im Kopf geschehen Sprünge.

Ich schreibe diese Karten, wüte mit diesen Ansichten, trotze, schmettere den Herren meine Kündigung vor die Füße. Meine Wut richtet sich gegen acht Stunden meines Tags. Das ist ungerecht. Ich mache das Geldinstitut zum Sündenbock für etwas nicht genau Umrissenes. Der Herr Hauptkassier, sage ich, ärgert mich, das und das ärgert mich. Im Grunde ärgere ich mich über die eigene Erstarrung, die Unzulänglichkeit der Lisa Plüß.

Im Park wartete ich auf Isabel.
Frau Klein zog ihren Liegestuhl näher, sank seufzend in die Segeltuchmulde. Sie weilte zum wiederholten Mal im «Alpina». Die gute Luft, das gesunde Klima. Ihre Wangen waren hellrot gestrichen. Die Hände mit den Grübchen lagen

auf ihrem Bauch. Strümpfe bis zu den Sandaletten heruntergerollt. Die Kinder Anita, Roland und Oswin schlichen als Indianer die Liegestühle an und schossen Zapfen. Mit Händeklatschen scheuchte Frau Klein sie weg, wie unartig ihr seid. Sie erzählte Krankengeschichten. Die eigenen und fremden. Ich schüttelte den Kopf oder nickte oder machte einen Ausruf. Ich war froh, nicht mitdenken und mitfühlen zu müssen. Träge lag ich da, im Geräusch einer Stimme ganz aufgehoben. Keine Erwartungen erfüllend.

Geehrte Herren, ich will nicht mehr um die zirkulierende Zeitung betteln. Ich stelle den Antrag, eine zweite, für subalterne Angestellte bestimmte Zeitung kursieren zu lassen.
Ich rede im Namen der Unterschriftslosen, die über ihr Pult hinausblicken wollen. (Die andern sollen sich an die Reglemente halten. Wer den Überblick fürchtet, wendet sein Interesse eben Ziffern, Formularen und Formeln zu.) Irgendwann findet das Geschehen seinen Niederschlag in Reglementen. Für Uninformierte insofern unangenehm, als ein neuer Arbeitsvorgang den gewohnten unterbricht. DIE DA OBEN haben einen neuen Einfall gehabt. Die da oben sind Sie, meine Herren.
Aber es gibt andere Angestellte. Sie wollen den Zusammenhang zwischen Ihren Weisungen und dem wirtschaftlichen Geschehen begreifen. Doch sie gelangen nicht an die Zeitung. Ich sehe nicht ein, warum nur Unterschriftsberechtigte informiert sein sollen.
Die Hierarchie des Zeitungslesens ist Ihnen nie aufgefallen. Für Sie liegt ja ein Extra-Exemplar bereit. Die Informationslücke bemerken nur wir, die andern an die Hand gehen, wie man bei uns sagt.

Was könnte, müßte geschehn, wenn auch wir Überblick über die Ereignisse hätten? Würden wir, statt andern an die Hand zu gehen, unsere Unterschriften proben? Lesende überblicken die Lage im allgemeinen besser, drängen darum eher auf Veränderung. Liegen diese Veränderungen nicht im Interesse unseres Geldinstituts?
Wer soll arbeiten, wenn alle Zeitung lesen? Eine ungerechte Frage. Ich für meine Person schlage vor, daß der Herr Hauptkassier in der Zwischenzeit für mich die Ecken der Banknoten glättet. Ein unbändiger Bildungshunger, geweckt, genährt durch tägliche Anspielungen auf mangelnde Deutschkenntnisse, macht mich gierig auf Information. Ich wünschte die Überlegenheit des Hauptkassiers, der zu mir sagt, Sendung schreibt man mit G. Ich möchte mit den Herren Unterschriftsberechtigten in der Pause mitreden können. Möchte wissen, warum neue Zinssätze notwendig sind, warum der Goldpreis ändert, warum eine Währung abgewertet wurde.
Erwarten Sie, meine Herren, nicht den Schlußsatz, Ich danke für die wohlwollende Prüfung meines Antrags. Ihr Wohlwollen setze ich voraus. Ich darf doch annehmen, daß eine Direktion den Angestellten wohl will.

Roland, Anita und Oswin sind keine Indianer mehr. Sie waren Flugzeuge, rannten mit ausgestreckten Armen, brummend um die Tische im Speisesaal. An diesem Tag hatten sie sich nicht müde marschiert. Mit der Gondel wollten sie auf den Berg, aber dort war man schon gewesen. So hatten sie sich im Park vergnügt.
Unsere Kinder sind gelehrig und einfallsreich.
Das ältere Ehepaar von Tisch eins brachte den Kindern aufziehbare Autos. Die Kinder stellten sich sofort auf die Ze-

hen und gaben dem Paar einen Kuß. Dann zogen sie die Autos auf und ließen sie unter den Tischen und Stühlen über den Parkettboden sausen. Die Eltern baten, die Kinder nicht zu verwöhnen. Die Schenkende flocht die Hände ineinander, lassen Sie uns die Freude.
Für den nächsten Tag verabredeten sie sich zu einer Wanderung. Das ältere Paar kannte die Gegend, reiste oft und gern. Letztes Jahr hätten sie eine Greyhound-Busfahrt gemacht. Mit dem Zeppelin, erzählte der Mann, sind wir ebenfalls geflogen. Auf einer Schiene konnte man durch die zweihundertfünfzig Meter lange Zigarre gehen, mußte aufpassen, daß man nicht stolperte. Kapitän Lehmann, wenig größer als seine Handorgel, unterhielt die Gäste während der Reise. Unglücklicherweise luden Gewitter die Luftschiffe auf. Wenn das Seil den Boden berührte, explodierte der aufgeladene Zeppelin. Daß einer auf das gemalte Hakenkreuz geschossen habe, stellte sich später als Gerücht heraus.
Mr. und Mrs. Smith an Tisch acht, an der Brust nicht mehr mit Namen bezeichnet. Smith war leichter zu behalten als die lateinischen Pflanzennamen auf den Schildern im Botanischen Garten.
Die Weinkarte für Tisch acht, flüsterte der Wirt. Theresa warf ihr Haar zurück, holte die Karte vom Klavier und brachte sie Mr. Smith. Die Gespräche kreisten wieder um Flugerlebnisse.
Mr. und Mrs. Smith mußten während eines Fluges mit aufgespanntem Regenschirm im Flugzeug sitzen. Es habe nicht hereingeregnet. Kondenswasser tropfte von der Decke, und wer einen Schirm hatte, spannte ihn auf.
Ich hatte den Eindruck, noch nie soviel verschiedene Flugkörper beobachtet zu haben. Bei jeder Wanderung zum

neuen Dorf spähte ich nach den Deltaseglern aus. Deltasegeln: ein Sport, der Mr. Smith interessierte. Mrs. Smith hielt nach dem Essen einen batteriebetriebenen, leise surrenden Taschenventilator an ihren Ausschnitt. Ihr Mann rechnete Theresas handgeschriebene Getränkerechnung nach, benützte einen Elektronenrechner, der in den goldenen Kugelschreiber eingebaut war. Die eckigen Stäbchenzahlen leuchteten rot auf, sprangen über das kleine Feld, vervielfältigten sich, sooft Mr. Smith den Minenknopf drückte.
Arm in Arm durchquerten Isabel und ihr Herr Keller den Speisesaal. Er rückte ihren Stuhl unter den Tisch und setzte sich gegenüber. Isabel schlüpfte sofort aus den Schuhen und studierte die Weinkarte.
Täglich, die Verleugnung im Speisesaal.
Isabel war betrunken. Sie zog Kellers Arm zu sich und legte ihre Wange in seine Handfläche. Haare klebten an ihren geöffneten Lippen.

Ich ahne, wie ich hassen könnte.
Ich ging in mein Zimmer. In das fremdeste Fremdenzimmer, mit dem genormten Hotelmobiliar, dem Blumenüberwurf, den Nebengeräuschen.
Das Gefühl alles zu verpassen.
Ich verließ das «Alpina» und fuhr ins Dorf. Flutlicht über dem Eisstadion. Leute auf der Balustrade verfolgten ein Spiel. Auf den Straßen wenig Fremde. Ich sah die Leute in den erleuchteten Gasthäusern sitzen und sich in der Helligkeit bewegen. Kein Sprechlärm, nichts erreichte mich.

Ich begegnete dem Donnerstagabend-Mann. Er stellte sich einfach neben mich. Ich hatte beim Kino die ausgehängten

Bilder zu einem Film von Peter Handke betrachtet, hatte niemanden kommen sehen. Sein Arm berührte meine Schulter. Ich lehnte mich an ihn, als hätten wir uns schon immer gekannt, hätten schon immer aufeinander gewartet. Warum ich nach dem Tanz weggegangen sei? Warum ich so rasch die Gartenwirtschaft verlassen hätte?
Ich spürte seinen Atem in meinem Haar.
Als wäre es das Selbstverständlichste, kaufte er zwei Kinokarten. Auf dem Balkon setzten wir uns in die hintersten Klappsitze. Vor uns ragten einzelne Schultern mit Kopf aus den roten Rückenlehnen. Das wechselnde Licht von der Leinwand widerschien in seinem Gesicht, machte ihn glühend, machte ihn marmorn. Ich betrachtete ihn, auch wenn ich auf die Leinwand sah. Ich hörte die Filmfigur sagen, Einsamkeit sei ein von außen erzeugtes Gefühl. In diesem Moment schob der Mann neben mir seine Hand auf die Armlehne, strich mit den Fingerkuppen meinen Fingern nach und zog meine Hand an seine Brust. Das Geschehen auf der Leinwand verkoppelte sich mit seinen Zärtlichkeiten. Ich könnte nur Bruchstücke über den Film erzählen, den Mann neben mir müßte ich in meine Schilderung miteinbeziehen.
Nach dem Kino wanderten wir auf der orange beleuchteten Straße. Er habe von mir geträumt, erzählte er. Du standest allein auf einem großen Platz, hieltest den Kopf gesenkt, als würdest du nachdenken.
Ich nahm seine Hand und begann zu laufen. Ich konnte mir vorstellen, lange Zeit mit ihm über Straßen und Felder zu laufen.
In einem Kellerlokal riefen uns Bekannte von ihm an ihren Tisch. Ich suchte nach einem Satz, um freundlich und teilnehmend zu erscheinen. Nur Nebensächliches fiel mir ein.

Ein Wettersatz, ein Über-den-Ort-Satz, ein Wo-wohnen-Sie-Satz. Daß er hier oben nicht alleine war, daß er Freunde hatte, daß es ein Leben gab, das mich nie enthalten hatte, daß er sich für Menschen und Dinge interessierte, die ich nicht kannte, gab mir ein Gefühl von Verlassenheit.
Ich bin müde, sagte ich, bleib du bei deinen Freunden! Ich brach auf. Er wartete noch im Lichtfeld der offenen Tür.
Eine Geste, ein Wink, ein Wort. Er wäre mit mir gegangen. So oft im entscheidenden Moment zögere ich. Ich kann mir dieses Zurückweichen nicht erklären. Ich bin frei und benehme mich, als wäre ich gebunden.
Ich fuhr hinter dem erleuchteten Bus her. An der Station stiegen einige aus, einige stiegen zu. Ich überholte und bog in den Weg zum Hotel «Alpina».
Am Eisenzaun drei Männer mit dem Rücken zur Straße. Sie hielten denselben Abstand und pißten ans Gitter. Der Scheinwerfer glitt an ihren Rücken ab. Die Verdreifachung desselben Vorgangs verlieh dem Bild Künstlichkeit.
Wie zur Bestätigung, daß ich mein Leben träume.

Ich umschlang mein Kopfkissen und versuchte mich an alle Zärtlichkeiten zu erinnern. Mir fiel es leichter, neue Zärtlichkeiten zu erfinden.
Wie der Mann seine Hand über meinen Körper gleiten läßt, die Hand unter den Rock schiebt, wie ich die Hand zurückhole. Wie die Finger meinen Leib ertasten und sich wieder unter den Rock schieben. Wie ich irgendwann den Widerstand aufgebe.
Das Telefon schreckte mich auf. Der Mann meldete sich. Er habe in einer Kabine gewartet, bis ich im «Alpina» war. Er schlug vor, mit dem nächsten Bus zu mir zu fahren und mit mir die Nacht zu verbringen.

Ich schwieg. Diese Frage mußte ihn Überwindung gekostet haben. Er bat, kommen zu dürfen. Es ist zu spät, sagte ich. Kellers strengem Blick wich ich nicht mehr aus.
Ich war spät erwacht, die beiden aßen schon. Die meisten Gedecke waren benützt. Theresa räumte ab. Ich nickte Isabel zu. Keller hackte auf sein Frühstücksei.
Er meint mich, ich bin es, die aufplatzt und zu einem Haufen an den Tellerrand geschichtet wird.

Nach dem üppigen Mittagessen im Hotel schlief Keller rasch ein.
Isabel und ich schlüpften in flache Schuhe, in denen man auf Flußgeröll gehen kann. Wir fuhren hinunter ins Tal. Eine aufgeplatzte Katze lag am Grasbord. Sie erinnerte an den Kadaver, an dem ich auf dem Weg zur Arbeit jeden Tag vorbeifuhr. Am ersten Morgen war der Kadaver unversehrt, eine Tigerkatze mit verklebtem Fell und blutendem Maul. Am Mittag war der Hinterleib zerquetscht, am Abend der Körper flachgewalzt. Nur ein Ohr blieb unverletzt. Jeden Tag fehlte ein Stück von dem Fell, die Autoräder zerstückelten und zerstreuten es. Nach einer Woche klebte noch ein Büschel Haare am Boden. Aber das Katzenohr blieb unversehrt. Nur Schönheit und Harmonie wünsche ich heute zu sehen, sagte ich Morgen für Morgen zur Frau, die mir aus dem Toilettenspiegel entgegenschaute. Und dann: die Katze am Weg.

Mit den Zehen drückte Isabel meinen Fuß aufs Gaspedal. Wir rasten über die Autostraße, schwenkten in einen Seitenweg und fuhren dem Fluß entlang. Zwei Buben wateten ein Stück ins Wasser und setzten Papierschiffe aus. Beim Kieswerk parkte ich das Auto. Und wir stiegen über das Ge-

röll. Isabel griff im Wasser einen kristallenen Stein. Sie hielt ihn an die Brust und tanzte.
Der Kiesel trocknete und verlor an Leuchtkraft. Isabel warf ihn ins Wasser zurück.
Sie erzählte von ihrem geschiedenen Mann. Er besuche sie manchmal. Er setzt sich auf die oberste Stufe der Treppe und streichelt die Katze, die ihn noch immer kennt. Isabel glaubt, daß er weint, wenn er die Stirn ins Katzenfell bohrt. Er geht in ihrer einmal gemeinsamen Wohnung herum, streicht über die Möbel und schaut aus dem Fenster. Wenn er mit hängenden Armen dasteht, rührt er sie, und sie möchte sich ihm an die Brust werfen. Dann falle ihr ein, daß er nicht sie im besonderen meine, auch nicht die Tochter, die Katze, die Möbel, den Ausblick. Sondern alles zusammen. Er sucht den Teil seines Lebens, den er zurückgelassen hat. Der Mann kannte nur Arbeit. Das Funktionieren von Motoren. Und er wußte, wie Isabels Körper zu bedienen ist. Immerhin, sagte ich. Sie stieß mit der Faust gegen meine Schulter.

Ich übergab dem Wasser ein Haar. Ich will mich in diesem Fluß verteilen. Fuß- und Fingernägel hineinschneiden. Endlich bin ich an vielen Orten zugleich.
Ich schleuderte flache Steine übers Wasser, sie sprangen drei-, viermal und versanken. Wir schürften die Röcke und wateten in den Bach, der in den Fluß mündete und uns den Weg versperrte. Das Wasser reichte zum Spickel unserer Höschen, und wir wateten aufs Geröllbett zurück.
Vier Kegel mit grobem und feinem Kies türmten sich am Fluß. Das Kieswerk schien verlassen, die Mischmaschine rostete, aus dem hohen schmalen Wellblechgebäude hing ein Förderband. Vor dem Eingang: mannhohe Rollen mit

dickem gezwirntem Kabel. Ich erkletterte einen Kegel. Der Himmel verdunkelte sich. Von hier sah ich Dörfer, die wir noch nie besucht hatten. Aus allen ragten Kirchen.
Wir sollten dahin, Lisa.
Wir sollten überall hin.
Von der obersten Sprosse einer Rampe ließ Isabel ihren Strohhut heruntersegeln. Mit flatternden Bändern kreiste er dem Kieshaufen entgegen. Ich reckte die Arme nach dem Hut. Steine rollten, und ich rutschte dem niederschwebenden Strohhut nach. Bis zu den Knien in Kies gegraben blieb ich in den Steinchen sitzen.
Regen knallte plötzlich aufs Förderband. Wir rannten übers dampfende Bachgeröll zum Auto. Die nassen Kleider hingen uns zwischen die Schenkel und zeichneten unseren Leib. Muster auf bloße Haut gemalt. Isabel schlug den Saum über die Knie auf. Tropfen rannen aus unserem Haar. Ich fing sie mit der Zungenspitze auf. Bei schlagendem Scheibenwischer fuhren wir die weiten Schlingen der Serpentine hinauf. Isabels Hand lag auf meinem feuchten Schenkel und machte die schlingernde Bewegung mit. Ganz leicht preßten ihre Finger meine Schenkel in Gegenrichtung. Immer spürte ich diese Hand, diesen Druck auf meinem Muskel, der sich beim Fahren straffte und entspannte.
Isabel ließ sich an meine Schulter klappen. Ein leichtes Gewicht; der Kopf rollte in den Kurven um meine Schulter, wollte vornüber auf meine Brust fallen, rutschte in der Gegenkurve über den Oberarm, drückte gegen die Schulter und wollte wieder vornüber auf meine Brust fallen.
Wir fuhren in unser Dorf ein.
Keller wartete. Ich blieb noch eine Weile im Auto sitzen. Ich konnte jetzt keinen Menschen sehen.

Plaudernd warteten Smith's vor dem Lift. Frau Roth drängte ihren Mann zur Treppe. Sie hatte den Kampf gegen sein Übergewicht nicht aufgegeben, war mit ihren Joule-Zahlen eine ständige Mahnung. Roths erreichten das dritte Stockwerk eher als der Lift. Laut lachend öffneten sie die Tür. Wir, die wir gefahren waren, hoben zum Zeichen unserer Niederlage die Arme.
Sie sind in Form, Herr Roth.

Wie auf Verabredung kehrten die Gäste fast gleichzeitig zurück. Sie schüttelten an diesem Abend Schirme aus und lösten die nassen Mäntel. Sie hatten rosige, nasse Gesichter. Sahen aus, als hätten sie die Zeit gut und gesund genutzt, das Bad verdient, das Nachtessen, das Zusammensitzen.

Isabel, liebe Isabel, ich wollte Dir schreiben, ich will, daß Deine Augen meinen Buchstaben folgen. Ich erzwinge Deine Aufmerksamkeit. Hundert Seiten wollte ich Dir schreiben. Aber ich kann nicht in Worte fassen, was mich bewegt.
Ich ließ die Wanne einlaufen. Mit geschlossenen Augen lag ich im heißen Wasser. Der Waschlappen trieb auf meinem Bauch. Beim Atmen empfand ich ihn wie eine Zärtlichkeit. Der Wasserspiegel schwankte im Rhythmus meines Atems, schien mir entgegenzuatmen. Mit dem Zeh zog ich den Stöpsel aus. Die Knotenkette hing über mein Schienbein und streifte sacht über die Haut.
Ich dachte den Donnerstagabend-Mann in mein Badezimmer. Er kniet neben die Wanne und betrachtet den von Schaum halbverborgenen Leib. Ich schlinge die nassen Arme um seinen Hals, er hebt mich aus dem Wasser und trägt mich zum Bett.

Ich wurde schwerer. Ein Gewicht, ein Klotz.
Wem ist zuzutrauen, so etwas zu begehren, sich auf so etwas zu legen? Wann hat mich zum letztenmal ein Mann umarmt?
Naß warf ich mich aufs Bett. Mein Puls hämmerte gegen den Bauch. Schläge in die Luft.

Ich sei jemand, der das Alleinleben schafft, während sie, Isabel, überhaupt nichts schaffe. Sie lebe gezwungenermaßen allein. Für die Dauer der Sommerferien gibt es diesen Richard Keller. Und danach? Sie sei immer unglücklich verliebt, wünsche stets Partner, die sie nicht lieben wollen oder ihrer überdrüssig seien.
Auch du, Lisa, liebst mich nicht, wie ich dich liebe.

Ich sagte, ich sehne mich nach dem Unbestimmten. Meine Sehnsucht ist unstillbar. Sie ist mein Motor. Ohne ihn würde ich dahocken und mich für nichts und niemand rühren.

Wenn ich wenigstens den Namen des Mannes wüßte!

Sonntag oder Montag. Ich stieß die Fensterläden in einen grauen Morgen auf. Nebel hing über die Berge. Die Straßen waren trocken. Man hatte die Liegestühle im Park aufgeklappt. Die Sonnenschirme steckten nicht in den Betonsockeln.
Meiner Nachbarin endlich, endlich eine Karte schicken. Dem einzigen Menschen. Mit Grüßen an das einzige Tier.
Edith würde sich den Hund auf die Schenkel setzen und dem tauben Tier die Karte vorlesen; fächelte damit vor seiner Schnauze, damit er merkt, daß sie wichtig ist. Grüße aus dem Ferienort.

Edith weiß, wann ich zurückkehre, daß ich wandere und in Gasthäusern sitze. Daß wohl nicht viel mehr als eine Liebschaft passiert. Nichts Lebensveränderndes.
Der Eindruck, daß ich nur Paaren begegne. Und ich bin allein. Als einzige bin ich allein. Und die Welt ist verliebt.

Ein Mann auf einem Rennrad kreiste unermüdlich ums Geschäftsquartier. Eine Schildmütze tief in der Stirn, strampelte er nun zum drittenmal auf dem schmalen, leise surrenden Rad an mir vorbei. Eine Plastikflasche mit Schlauch klemmte am Lenkrad. Auf dem Leibchen stand: «Sleep with the best.» Es war der Sportler, den ich als Geher und als Vita-Parcours-Teilnehmer gesehen hatte.
Bei diesem unsicheren Wetter bummelten weniger Leute. Die meisten hatten den Schirm mitgenommen. Wir drehten uns auf dem Gehsteig aneinander vorbei.
Wie wenig ich an die Leute und die Umgebung herankomme. Alles wie zum Anschauen. Ich sperre mich mit meinem verwunderten Blick selber aus, treibe durch alles hindurch und an allem vorüber.
Ich stieß ein Kind, sein Eis platzte auf die Fahrbahn. Es bückte sich nach dem himbeerroten Fleck. Räder pfiffen, der Autofahrer schrie aus dem Fenster. Entsetzt rannte das Kind auf den Gehsteig. Sein Eis wurde plattgewalzt. Für Sekunden fühlte ich mich schuldig, gab dem Kind eine Münze. Die Strohtasche an die Brust drückend, stieg ich den Zickzackweg zu den gestaffelten Appartementhäusern hinauf. Graue Abfallsäcke auf den Einfahrten. Ein Hund durchwühlte einen geplatzten Sack. Die Hausmeisterin stampfte auf, schrie und klatschte. Der Hund sprengte an mir vorbei. Ein Kind hob einen Stein und jagte den herrenlosen Hund.

Liebe Isabel, wie widerlich das sein muß, wenn Richard Keller seine Zunge zwischen Deine Zähne stößt und schnauft und sich über Dich wälzt. Aber ich bedaure Dich nicht. Ich war heute den ganzen Tag allein. Ein wunderschöner harmonischer Tag.

Isabels Gedeck blieb an diesem Tag unberührt. Theresa sagte, Herr Keller habe sich und Madame weder zum Mittag- noch zum Abendessen abgemeldet. Aber das komme öfter vor, daß Gäste plötzlich ihre Pläne ändern. Von einer Abreise sei ihr nichts bekannt. Tisch- und Zimmerwechsel werden immer gemeldet.
Im Traum war ich zu einer Hochzeitsfeier eingeladen, doch die Gäste fehlten. Eine Kartonuhr ohne Mechanismus zeigte auf halb drei. Ich verließ das Gasthaus und ging zum Ufer. Ein Fallschirmspringer trieb hilflos in seinen Seilen im Wasser. Ich erkannte mich in ihm. Sein Fallschirm aus Rosaseide blähte sich auf. Es sei schade, sagte meine Begleitperson, daß der schöne Fallschirm jetzt zerstört sei. Ich antwortete, der Fallschirm sei nicht zerstört, man müsse ihn nur trocknen und wieder falten. Wir fischten den Fallschirmspringer auf. Unser Boot war aber ein Netz, Wasser drang ein, das Boot drohte zu sinken.

«Ich bin immer für Dich da», ein Kernsatz aus Mr. One's Briefen. Auf der andern Seite des Mondes, antwortete ich. Näher als jeder andere, entgegnete er.
Er dichtete mir die Eigenschaften der Frau im alten Lesebuch zu: sanft, bescheiden, zärtlich, versöhnlich. You are the sweetest girl. Er kenne Frauen besser, als sie sich selber kennen. Männer kennen die Frauen immer besser. Und Frauen kennen die Männer besser. Von One weiß ich, daß

Feministinnen ihn hassen. Sie könnten mich umbringen, schrieb er. Für sie stellt er den Mann im alten Lesebuch dar. Er haßt diese Frauen. Findet alle häßlich. Schau sie Dir an! Hast Du je eine hübsche Feministin gesehen? One liebte die Verführung, das Geheimnis, Erotik in Gebärden, Blicken und Worten. Der Abenteurer One beklagte den Verlust der weiblichen Verführungskunst. Eine Frau muß eine Schauspielerin sein. Tricks durchschaue er zwar, aber sie amüsieren ihn und reizen ihn zu Gegentricks.
Bei meinen nächsten Verhandlungen in Wien will ich Dich treffen, schrieb One. Ich komme nur, um Dich zu sehen. Ich reise für einen Kuß nach Wien. Zur Hölle mit den Verhandlungen. Unsere Teilnehmer könnten alle Punkte in einer Stunde bereinigen, wenn diese Leute intelligent genug wären. But they aren't, they never are. Ach, die Intelligenzpyramide dieser Welt! Aber ich muß mich fügen. Das sind die Regeln der Demokratie. Die Regeln der Dummheit.

Eine Nacht, da ich Stunde um Stunde schlagen hörte. Mein Kopf ein Bienenhaus. Ich leide an Schlaflosigkeit. In den Ferien will ich keine Beruhigungsmittel nehmen. Ich starrte zum roten Widerschein der Lichtreklame an der Decke. Leise Klaviermusik. Ich stand auf und tappte durchs Treppenhaus. Die milchigen Deckenlampen brannten. In den Zimmern war es ruhig. Der Portier war schlafen gegangen, der Knopf der Nachtglocke glühte.
Die Musik drang aus dem Speisesaal. Ich öffnete die Tür, sah Isabel tanzen im flackernden Kerzenlicht. Richard Keller saß am Klavier, im Mundwinkel eine Zigarette, die Augen des Rauches wegen oder aus Hingabe an die Musik halb geschlossen. Er fingerte über die Tasten und klopfte mit einem Fuß den Takt. Isabel schüttelte die Brüste, krei-

ste den Bauch und trat die schwarzen Ziernahtbeine vor und zurück. Sie trug schwarze Wäsche mit Satinträgern, Rüschen, Bändern und Spitzen, ging bald schleichend, bald mit den Absätzen klappernd durch den Raum, ließ den Arm mit langen Satinhandschuhen unter dem Kinn vorschnellen und warf den Kopf zur Seite. Dieser Keller wiegte den Rücken zu seiner Musik. Er war ein Stier, den Isabel bekämpfte, der wütend mit Rhythmen angriff, dem sie mit eingezogenem Bauch und langen Beinen entgegenwackelte. Keller griff in die Tasten der ganzen Klaviatur, holte die Töne weit oben, perlte in die Tiefe und hämmerte in die Bässe. Langsam setzte Isabel eine Handschuhhand mit gespreizten Fingerspitzen aufs Kirschbaumholz, drehte den Kopf über die Schulter und blickte ihn mit schmalen Augen an.
Ich schloß die Tür und ging in mein Zimmer zurück.
Ein Tag mit hellerem Gewölk.
Ich wartete nicht auf Isabel. In meiner Vorstellung verbrachte ich den Tag mit dem Mann, den ich im Sporthemd getroffen hatte. Wir aßen nichts. Wir liebten uns nur.

In der Bank im Dorf ließ ich einen Scheck wechseln. Meine Rolle als Kundin kommt mir immer übertrieben vor. Die Kassahilfe schaute nicht von der Rechenmaschine auf. Vor der Tafel im Schaufenster studierten Leute die Börsen-, Gold- und Notenkurse.
Kurse berichtigen: die erste Arbeit einer Kassahilfe. Am Morgen lege ich Stempelkissen und Schreibzeug aus der Schublade aufs Pult, hole den Telexstreifen und setze die neuen Kurse. In der Besucherhalle hänge ich die Tafel ins Fenster. Kunden bleiben davor stehen. Sehen Kurse, wissen nichts von der Hand, die diese Zahlen beim aufklappbaren

Rahmen aus- und einschob. Daß diese Angestellte vielleicht von fremden Ländern träumt und ihr Erspartes in eine dieser Währungen tauschen möchte.
An verlängerten Wochenenden fliege ich oft in ein anderes Land. Reisen wurde immer wichtiger für mich.
Meine einzige Veränderung beschränkt sich auf die Veränderung der Landschaft.

Der Blick aus der Gondelbahn.
Unter mir schrumpfte der Ort zur Postkarten-Ansicht. Er glich einem vergröberten Ausschnitt von Kellers Wanderkarte. Meine ausgestreckte Hand deckte ein Netz von Straßen. Leute bewegten sich darauf von einem Punkt zum andern. Eine gesichtslose, geschlechtslose, sich verlagernde, verdichtende, auflösende Masse. Isabel, auch mein Tänzer waren eingeschmolzen. Tief unten flossen sie mit andern dahin.
Die Kabinen der Bahn räderten eine nach der andern aus dem Schrägdach. Schatten glitten in regelmäßigen Abständen über Weiden und Felsen. Klickend schoben die Gondeln sich auf dem Stahlkabel über die Rollen am Mast und sackten ab. Die Kabine schwankte mit mir, ließ meinen Körper stürzen und fing ihn auf, wiegend glitt sie mit mir über die Wipfel. Und ich spürte mich.
In die Stahlwand der Gondel geritzt fand ich die Anfangsbuchstaben meines Namens in ein Herz verschlungen. Die Vorstellung, ein fremder Mensch hätte mit LP tatsächlich mich gemeint. Man ist in jemandes Gedanken mitgefahren, hat nichts geahnt und sich einer mehr oder weniger sinnlosen Beschäftigung hingegeben.
Das Summen der Kabine wurde leiser. Bei der Bergstation ruhten Gäste auf der Terrasse. Mit offenen Blusen und

Hemden, die Ärmel zurückgekrempelt, die Haut glänzend von Sonnenöl, nutzten sie die blasse Sonne. Für die Angekommenen wurden dem Panorama gegenüber Liegestühle aufgeklappt und in eine Reihe gestellt. Taschen und Sportsäcke plumpsten auf den Bretterboden, und die Gäste sanken in die Stoffmulde.
Zwischen schmutzigblauen Gletscherblöcken schwitzten Schneefelder. Am Ende der Geröllhalde verdichteten sich die Bäume zu Wald. Dieser ging über in Matten. Gäste sagten Bergnamen auf. Fragten einander ab.
Auf jedem Gipfel der Wunsch, mit Anlauf ins Leere zu springen.
Ich bettete meinen Kopf zwischen die erhobenen Arme und legte die gekreuzten Handgelenke auf den Holzrahmen. Unten im Tal die Kiesgrube, wo Isabel den Strohhut von der Metalleiter segeln lassen hatte. Ein Zug schob sich durch die regelmäßigen Knoten der Obstkulturen, vorbei an den Schlieren eines Zeltplatzes im Fichtenwald.
Alles liegt fern.
Herr Escher wanderte mit Frau und Tochter den Wiesenpfad herauf. Blumen und Kräuter baumelten an seinem Rucksack. Eine Blume steckte in seinem Mund und eine am Hut. Über den Wollsocken und im Ausschnitt des Hemdes glühte die Haut. Er wischte sich den Schweiß mit einem Taschentuch von Gesicht und Nacken. Die Tochter entdeckte mich, und die Familie polterte durch die Tische zu den Liegestühlen am Terrassenrand. Schwer atmend lehnte sich Escher von hinten über mich. Er verdurste, er sei ausgetrocknet.
Unentwegt rannte ein Kellner mit einem Tablett zwischen Gasthaus und Terrasse umher. Servierte Mineralflaschen, die hier kleiner waren als im Dorf. Escher schimpfte über

die Art, wie Berggasthöfe ihre Gäste übervorteilen. Der Durst sei größer, die Flaschen kleiner. Der kostspielige Transport sei Ausrede. Die fahren mehr Glas und weniger Inhalt herauf.

Eschers schleppten Stühle her und stellten die Getränke zwischen ihre Schuhe auf den Boden. Im Winter muß es hier noch schöner als im Sommer sein. Die Tochter las den Text auf ihrem Papierset. Tausend Gipfel sind von diesem einmaligen Aussichtspunkt zu sehen. Dreißig Skilifte, Sesselbahnen und Gondeln führen den verwöhnten Gast in die herrliche Bergwelt. Escher stürzte den Inhalt der Mineralflasche herunter, bestellte eine zweite. Er hat gehört, daß Abonnemente für Einzelfahrten in diesem Gebiet abgeschafft worden sind. Nur Tageskarten werden verkauft. Skifahrer, die in Fellen aufsteigen, werden von der Pistenpolizei gebüßt. Escher tupfte das Taschentuch über seine verbrannte Haut. Man benötige jetzt eine Eintrittskarte für den Berg. Wir hätten es weit gebracht. Frau Escher stieß ihre Mineralflasche an die seine. Genieß die Aussicht, Vater! Sie rieb ihren Mann und sich selbst mit Sonnenöl ein und streckte die Füße mit den Wanderschuhen aus.

Wolkenfetzen trieben über den Himmel. Die Sonne schwand für Minuten. Die Tochter wollte alle zusammen fotografieren. Escher stellte sich mit seiner Frau hinter den Liegestuhl und legte mir den Arm über die Schulter. Die Tochter wählte einen Standort, der einen Teil des Berghauses und die Gondel auf dem Bild wiedergeben mußte. Dann rannte sie ein paar Schritte den Hang hinab und brachte so auch noch die über der Gruppe peitschende Landesfahne aufs Bild.

Alle Gesichter wiedergesehen. Alle Sehenswürdigkeiten dieses Ferienorts betrachtet. Alle Wege gegangen.
Der Tag war lang ohne Isabel.
Im Speisesaal des «Alpina» trank ich einen Saft und sah Theresa zu. Schräg griff sie zum Stapel gestärkter, gebügelter Servietten, legte ein Damastquadrat mit eingewobenem Namenszug «Alpina» vor die spitzen Brüste, falzte, glättete mit der Handkante und steckte die Serviette zu einem Kegel.
Das Nachtessen spielte sich ab.
Es hätte das gestrige oder morgige sein können. Die Gäste auf ihrem Platz. Sie warteten und zerrupften Brötchen. Sie trugen die Blusen, Tücher, Ketten, die sie hier kauften. In der Fensterscheibe betrachteten sie sich.
Mr. Smith bat um Übersetzung des Deltaflugschule-Prospekts. Er wollte Delta segeln lernen. Seine Frau schien nicht glücklich darüber. Sie klappte den Bügel ihrer Schmuckbrille auf und zu. Der Rosalippenstift verlief in den Falten um ihren Mund.
Die praktische Ausbildung besteht aus fünf Grundlektionen zu sechs bis neun Flugversuchen, übersetzte ich. Der Kurs für Fortgeschrittene führt zu Höhenflugtauglichkeit. Auf Wunsch kann ein Videorecorder zugezogen werden. Zur Beförderung stehen Skidoo oder Lift zur Verfügung. Ob Sie ein erfahrener Pilot sind oder gerade erst etwas Drachenflieger-Atmosphäre geschnuppert haben, mit uns fliegen Sie in jedem Fall gut.
Die Gäste umstanden Smith's Tisch acht. Roland, das jüngste der drei Kinder, schob einen Stuhl an den Tisch, kletterte hinauf und griff nach den Farbbildern der Deltagleiter. Der Vater hob den Kleinen hoch und stellte ihn auf den Boden zurück. Roth blätterte die Prospekte durch, für das

Deltasegeln wiege er zuviel. Er ziehe das Golf-Spielen vor. Und Frau Roth meinte, wir bleiben auf dem sicheren Boden. Ich übersetzte: allgemeiner Zusammenbau, Flugvorbereitung, Unterhalt und Sorgfalt, Zusammenbau und Flugvorbereitung für Wettflüge. Wie beginnen. Sicherheit. Zubehöre. Es gab die Deltagleiter als Sonder-Angebot. Das Wort «Discount» zwischen Blitzzacken wie Lebensmittel eines Supermarkts. Ich will es versuchen, sagte Mr. Smith. Roths wollten den Start miterleben. Unser Mr. Smith am Himmel!
Sie versprachen, am nächsten Morgen am Startplatz zu sein.

Das Essen wurde in den Paß geschoben. Mit Zeigefinger und Daumen griffen die Gäste die Spitzen ihrer Serviette, schüttelten sie auf und breiteten sie übers Knie. Der Alte an Tisch zwei, schweigend wie immer. Wartete mit umgebundener Serviette auf das Auftragen der Schüsseln, Krüge und Platten. Worin bestanden seine Erlebnisse? Nicht vorstellbar, daß der Mann etwas wahrgenommen hatte.
Mrs. Smith zog die gefaltete Serviette zierlich über ihre Lippen. Am Arm von Keller betrat Isabel den Speisesaal. Sah mich weg. Nach einigen Glas Wein blickte sie schließlich durch die vors Gesicht gehobenen Blumen.
Isabel kann einen Leib betrachten, daß er unbedeckt wirkt. Ich zog die Hände an meine Brüste. Sie blickte entrüstet auf die bedeckenden Hände. Keller griff nach Isabels Kinn und drehte ihr Gesicht so, daß ihre Augen in die seinen schauen mußten.

Liebe Isabel, ich beneide Dich nicht um diesen Liebes-Wahnsinnigen, der an Deinen Fingern knabbert.
Kühlere Nächte.

Ich hüllte mich in einen Pullover und wanderte um den See. Nachts draußen herumgehen war ich nicht gewohnt. Dunkelheit hat mir immer Angst gemacht. Ich wagte mich ihr nie anzuvertrauen. Straffe den Rücken aus Angst, daß von hinten mich etwas anfällt. Nur in Panik laufe ich in die Dunkelheit. Nacht entspricht dann meiner Stimmung. Ich will mich verlieren, aussetzen, fallen lassen. Die Angst vor dem Leben ist in solchen Augenblicken stärker als die Angst vor der Dunkelheit.
Wie verwandelt kam ich mir jetzt vor. Mutig und sicher.
Ich bin erwachsen, dachte ich. Dann sann ich darüber nach, warum ich, eine Vierzigjährige, mich als erwachsen bezeichne, weil ich weniger Angst in der Dunkelheit habe.

Licht in den Zimmern des «Alpina». In der Bar viel Betrieb. Mit einer Wolldecke setzte ich mich auf den Zimmerbalkon. Die Konturen der Berge waren ausgelöscht. Die Schlingen der fernen Lichtketten in der sternenlosen Nacht, wie in die Luft gehängt.
Ich fand keinen Schlaf. Ich stellte mir vor, daß sich jetzt die Paare in allen Zimmern, wie auf Verabredung auf den Betten übereinanderlegen. Und ein regelmäßiges Wippen beginnt. Das Geräusch wird schneller und wütender und endet in einem Schrei.

Herr Keller, Sie haben sich im Speisesaal wie ein Gockel gebärdet. Vor Verliebtheit sind Ihre Augen aus den Höhlen gequollen. Leider besitze ich keinen Fotoapparat.

Ich zog eine neue Karte aus dem Sortiment und schrieb im fahlen Licht der Parklaterne. Lieber Donnerstagabend-Mann, ich bedaure mein Weglaufen. Ich bin untröstlich.

Ich begreife nicht, warum ich aus dem Kellerlokal gestürzt bin. Hoffnungslosigkeit hat mich aufgeben lassen, ehe die Zeit mit Dir begonnen hat.

Auf dem Höhenweg sah ich ihn. Er spielte Tennis. Leicht, biegsam eilte er über den Boden. Er hatte das Handgelenk eingebunden, schmetterte mit kurzen harten Schlägen dem Gegenspieler die Bälle knapp übers Netz, rannte rückwärts und zur Seite und nach vorn, jagte den andern über die Breite des Felds und schlitterte mit gespreizten Beinen über den Boden nach dem Ball. Ich eilte über den steilen Hang mit Brombeerstauden zum Tennisplatz. Das Spiel war aus, über das Netz weg gab er seinem Partner die Hand, kickte mit dem Schläger die verlorenen Bälle über die Waden hinauf in seine Hand und schlug ein Tuch über den Nacken. Ich wollte zu ihm eilen, dann zögerte ich. Es ist nicht selbstverständlich, daß ich auf jemand zugehe.

Liebe Schwester Maria Rita, wie einfach mir im Institut das Leben erschien. Erwachsen-werden hieß das Zauberwort. Lange Zeit hielt ich alles für korrigierbar oder ersetzbar. Jetzt verzeifle ich an meiner Ohnmacht. An vielem haftet ein «Verloren auf immer und ewig».
Der Himmel bedeckt. Die Gäste fotografieren mit Schatteneinstellung. Ein Jeep brachte Wanderer zum Aussichtsplatz. Sie schwangen Rucksäcke aus dem Wageninnern. Der Fahrer mit ledernem Cowboyhut kreiste, Staub aufwirbelnd, in einer engen Schlaufe über den Platz. Die Wanderer legten am Aussichtsplatz ihre Rucksäcke ab und lobten die Sicht. Sie schienen die Gipfel alle zu kennen, waren schon überall gewesen, hatten jeden Grat bestiegen. Ein Paar erklärte einem Wanderer den Fotoapparat und

wünschte eine Aufnahme von sich. Dafür fotografierte der Mann den Wanderer und seine Kameraden mit dessen Kamera.

Auch Keller ein Fotograf. Nach dem Mittagessen dirigierte er Isabel ans Balkongeländer von Zimmer 314. Sie kämmte ihr Haar. Ich bin nie gut auf Bildern, sagte sie, schob ihre angefeuchteten Lippen nach vorn, drehte ihr Gesicht dem Licht zu und blickte rätselhaft. Das Distanznehmen und Regulieren kostete Zeit. Ungeduldig klopfte Isabels Fuß gegen das Geländer. Schieß endlich! Er erwischte sie im Moment, da sie die Augen niederschlug und das Rätselhafte einem ärgerlichen Ausdruck gewichen war. Bei der zweiten Aufnahme hielt sie die Lider aufgerissen.
Ich besitze keinen Fotoapparat.
Nie werde ich mit der Hand über die Erinnerungen dieses Sommers streichen.
Ich wünschte eine Aufnahme vom Deltasegler. Ich möchte mich unter die blauweiß gestreiften Flügel stellen. Eine Fledermaus mit einem Männer- und einem Frauenkörper. Ein Bild für mein Pult. Im Winter könnte ich vom letzten Sommer träumen. Ein Sommer meines Lebens wäre zusammengerafft und bildlich festgehalten.
Ich stellte mir mich, das Visumzeichen LP, auf die Fotografie starrend vor.
LP über Erinnerungen gebeugt. Ein befremdendes Bild.
Nein, ich will keine Aufnahme. Wenn ich zurückkehre, ist der Lebensabschnitt FERIEN vorbei.

Ich wartete im Auto. Isabel eilte über den Platz, mit fliegendem Haar.
Sie stellte mich immer neuen Freunden vor. Der Ort war

von Isabel-Freunden besetzt. Herzliche Begrüßungen. Isabel hängte sich diesen Freunden an den Arm, während ich unschlüssig danebenstand.
Ist sie/ ist er nicht wunderschön? Isabels Hauptsatz. Für sie sind Menschen Schmuckstücke. Sie putzt ihre Person mit ihnen heraus.
Wie kalt du danebenstehst, Lisa!
Wir fuhren durch den Rebberg. Isabel gekränkt, ich hatte am Tag zuvor nicht auf sie gewartet. Langweile ich dich? Bin ich zu dumm und zu häßlich? Niemand mag mich, man duldet mich nur.
Ich war müde, ihr das Gegenteil zu versichern. Sie erwartete Lobreden, die sie widerlegte und dadurch überzeugende Argumente erzwang.
Keller soll dich für verführerische Tänze in verführerischer Wäsche loben. Ich kann es nicht.
Isabel lehnte ihre Wange ans Polster. Wir fuhren schweigend ins nahe Bergdorf. Die Wirtin des einzigen Gasthauses brachte den Kaffee im Glas mit viel Zucker und Schnaps. Die Flaschen standen auf der kleinen Theke, hinter der die Wirtin fortfuhr, Gläser zu reiben. Sie drehte jedes im Fensterlicht und unauffällig musterte sie uns. Wir waren die einzigen Gäste in der Wirtsstube mit drei Tischen. Über der Musikbox neben der Tür ein Kreuz mit verblaßtem Palmzweig. Strickzeug und eine aufgeblätterte Illustrierte lagen auf einem der Tische. Isabel verwickelte die Wirtin in ein Gespräch. Frauen in dieser Wirtschaft waren ein ungewohnter Anblick. Die Bewohner hier waren Bauern; die Männer arbeiteten im Tal, während die Frauen den Bergbauernhof bewirtschafteten. Selten kamen Fremde in dieses Dorf. Die einheimischen Frauen besuchten das Wirtshaus nie.

Die Wirtin erzählte, sie habe aus dem Bergdorf jenseits der Schlucht in dieses Dorf herübergeheiratet. Hochzeitsreise? Sie wischte mit der Hand durch die Luft. Da sei doch der Hof und das Gasthaus. Im Nachbarhaus saßen Frauen auf der Holztreppe. Die jüngste faltete Windeln und strich über den Schenkeln die Bruchkanten glatt. Ein grellroter moderner Kinderwagen stand vor der steinigen Kellertreppe. Die Rasseln am Faltdach schwangen leicht. Hinter dem Holzhaus umfaßten gelbe Plastikbänder einen Gemüseplatz. Die Wirtin setzte sich mit einer Strickarbeit auf die Bank am Fenster. Die renovierten Häuser erzählte sie, gehören Fremden. Einheimische haben kein Geld für Ausbesserungen. Sie habe kürzlich eine Waschmaschine angeschafft. Eine Erleichterung. Sie arbeite nicht nur im Gasthaus, sie besorge auch den Stall, da man keinen Knecht habe. Ein Fuder mit Heu wankte durch die enge Gasse. Die Wirtin nickte den Töchtern zu, die obenauf saßen und nackte Beine über die Halme hängen ließen.
Die Wirtin war auf Pilgerfahrt in Lourdes, zeigte uns das Bild der Reisegruppe am Täfer. Hier, dies bin ich. Ein ernstes Gesicht, das Haar streng zurückgekämmt, vor dem Bauch mit beiden Händen eine Tasche haltend. Und das ist eine Tante mit ihrer Tochter. Das halbe Dorf war nach Lourdes gefahren. Die Gruppenreise hatte der Pfarrer organisiert. Es war wunderschön. Die Wirtin sah lächelnd auf das Bild.
Den Toilettenschlüssel mußte Isabel bei der Wirtin verlangen. Ich drückte die Tasten der Musikbox. Die Musik, das Geplauder, der kleine Raum, der Schnapskaffee, der Anblick der Frauen unter den vorgezogenen Dächern, die strickende Wirtin: Mir war so warm, daß ich den Kopf auf den Tisch legen und für immer dort verharren wollte.

Die Wirtin bereitete in der Küche eine kalte Platte. Isabel begann zu den Klängen der Musikbox zu tanzen. Sie wand sich und malte Figuren mit den Armen. Ihr bleiches Gesicht war entspannt. Sie wirkte, als tanze sie für sich allein. Sie wußte, daß ich ihren Bewegungen folgte. Ihr Tanz war eine Balz. Sie warb mit ihrem Körper um mich, wie sie zwei Tage zuvor mit ihrem Körper um Keller geworben hatte. Wie sie morgen um einen ihrer zahlreichen Bekannten werben würde. Eine geheimnisvolle Person mit anmutigen Bewegungen, so wollte sie sich in die Erinnerung anderer Menschen tanzen.

Erste schwere Tropfen.
Ein Schauer, meinte die Wirtin. Er ist nicht von Bedeutung. Das Wetter wechselt hier rasch.

Das Wetter änderte sich nicht.
Am Nachmittag saßen so viele in der Konditorei, daß der Raum von Stimmen erfüllt war. Im Gang warteten Leute auf freiwerdende Tische. Morgen wird es schön, sagte die Frau an meinem Tisch. Sicher, antwortete ich. Die Frau schabte Eis von einer pistaziengrünen und himbeerroten Kugel, streckte den Löffel einem Mädchen zu. Es spitzte die Lippen zum Löffel und sie schob das Eis in seinen Mund. Jeden zweiten Löffel fütterte die Frau ihrer Tochter. Draußen überklebte ein Arbeiter die Plakatwand vom Eisstadion mit andern Plakaten. Ich zählte Geld auf den Tisch. Sofort besetzte ein Gast meinen Stuhl.

Die Traxspuren auf der Baustelle für das geplante Dorf, mit Wasser gefüllt. Ich wendete und fuhr zum Aussichtsplatz, wendete und fuhr ins Dorf zurück.

Was Du suchst, kann ich Dir geben, ein One-Satz.
Was könnte er mir geben? One kann mich aus der Bank herausholen. Ich wechsle von einer Sicherheit zur andern. Aus der Kassahilfe Plüß wird das Anhängsel von Mr. One. Eine Gemahlin. Sein Wesen, das seine Geschenke zur Geltung bringt, das als Kundin bei der Bank verkehrt und dort als Mrs. One mehr Achtung denn je genießt.

Ich ließ den Benzintank füllen. Das Auto federte, als der Tankwart die Schraube löste und den Benzinschlauch versenkte. In der Meßscheibe rotierten die Zahlen. Pfeifend ging der Tankwart ums Auto, klappte die Scheibenwischer auf und klatschte einen Schwamm auf die Frontscheibe. Er lehnte an den Kotflügel, zog den Schwamm über die ganze Breite, streckte und bog den Körper.
Dieser Männerleib, eine Handbreit von mir entfernt.
Das enge kurze Leibchen entblößte die Rippenbögen. Die Jeans rutschten dem schlanken Tankwart auf die Hüftknochen. Der Mann war zum Greifen nah, er dehnte sich, zog sich zusammen. Ich stützte das Kinn auf die ums Steuerrad geschlungenen Arme. Ich konnte beinah den Nabel küssen, beinah mit den Fingerkuppen über die straffe Haut fahren und die Buchtungen, Rundungen, Flächen erfühlen.
Eine Drehung des Oberkörpers, der Schwamm fiel in den Eimer. Ohne die Hüfte vom Kühler abzustoßen, bog der Tankwart sich zur Seite, wrang das Leder aus, überschlug es und zog es an meinem Gesicht vorbei. Unendlich weit schien er sich strecken zu müssen. Der Bauch berührte das Glas, ließ die aufliegende Fläche dunkler erscheinen, preßte den Nabel rund und flach.
Ein Wunsch, ein Verlangen, eine Gier über diese gegeneinandergebogene Haarnaht zu streicheln, die Finger lang-

sam vom Nabel hinunter zum Gurt zu führen, die Hand auf der pochenden Haut unter den Jeansstoff zu schieben. Dieser Männerleib. Dieses Glas zwischen ihm und mir. Ich zertrümmere jetzt die Scheibe. Ich räume jedes Hindernis weg.
Ich suchte im Geldbeutel den angezeigten Betrag und streckte das Geld aus dem Fenster. Ich dachte an die Jahre, die mein Leben sind und sich aus Verpaßtem zusammensetzen.
Mein Tagebuch hätte lauten können: Morgen für Morgen zur Arbeit gegangen. Auf dem Heimweg im Städtchen oder im Supermarkt eingekauft, die Wohnung gereinigt, vor dem Fenster sitzend aus dem Teller auf dem Schenkel gegessen. Hin und wieder zur literarischen Veranstaltung im Chrämerhuus gegangen, Leute gesehen, nach Hause gefahren. Zu Bett gegangen. Fernweh gehabt. Einen Flug gebucht. Getanzt, geliebt, geschlemmt, gebummelt. Von meinem Ausfall belebt in die Gewohnheit zurückgekehrt.

Auf eine Schwarzweiß-Karte schrieb ich, liebe Frau Humm, ich habe den Entschluß gefaßt, in 23 Jahren auszuwandern und mit meiner Pension auf einer Sonneninsel in Saus und Braus zu leben. Kommen Sie mit? Mit diesem Ziel wird es leicht sein, die kommenden belanglosen Jahre in klimatisierten, geräuscharmen Räumen im allerneuesten Maschinenpark abzusitzen.
Mein Unwohlsein hat früher angefangen, vor Jahren schon. Am letzten Ferientag an diesem Fremdenort ist es mir aufgefallen. Ich mußte mich übergeben und wußte, schuld daran war nicht das Essen.
Jetzt da ich mit dem Auto alleine unterwegs bin, fort aus diesem Dorf, auf der Reise mit meinem Koffer, ziellos da-

hinfahre, nicht weiß, wo ich übernachten werde, einfach weiß, daß ich frei bin, daß ich, Lisa Plüß, eine Entscheidung getroffen habe, jetzt fühle ich mich erleichtert. Ja, ich höre auf, von mir als von einer Kassahilfe, einem Visumzeichen zu denken. Ich habe gekündigt und bin ein wenig stolz auf dieses Wagnis, auf eine unverschämte Weise sogar glücklich. Ich bin so leicht, daß ein Windhauch mich vom Boden heben könnte.
Was wird aus mir? Ich weiß es nicht. Eine überflüssige Frage. Was wäre aus mir geworden?
Vor kurzem war ich im Hotel «Alpina» noch Tisch Nummer fünf.

Das Parkett im Speisesaal war feucht von Schuhen. Die rötliche Neonschrift «Alpina» verzitterte in den Pfützen auf der Terrasse. Ich starrte auf die Kreise am Ende der Regenschnüre, bis ich mir keine Farben mehr vorstellen konnte. Das Schlürfen und das Schaben in den Tellern vermischte sich mit dem Trommeln auf Blechtischen vor dem Aussichtsfenster. Über die Teller weg nickten die Gäste einander zu. Wenn sie die Gesichter zum Teller senkten, lagen ihre Augen in dunklen Höhlen.
Ich dachte, daß jetzt zu Hause vielleicht der Telefonapparat in der leeren Wohnung klingelt. Bei Nebel rufen sie an. Immer wenn das Wetter aufs Gemüt drückt, rufen sie an.
Daß ich andern nicht entgleite, daß sie sich melden, rührt mich. Soviel Anhänglichkeit ist mir fremd. Tage-, wochenlang verkehre ich mit Menschen nur aus beruflicher Notwendigkeit. Die Freizeit verbringe ich allein.
Die Welt in meinem Kopf ist bevölkert, da meistere ich jede Situation. Ein paar Notizen liegen in meiner Schachtel. Beim Lesen wundere ich mich, daß ich so vieler Gefühle fä-

hig bin. Wundere mich über all diese abgelegten Erlebnisse, Vorstellungen und Beobachtungen; die Schachtel ist randvoll von Situationen, in die ich nie eingriff, bei denen ich Zuschauerin war, die ich in Worte zu fassen versuchte und ablegte.
Immer wartete ich.
Du bist wie ein Baum, schrieb Mr. One. Wartest, daß Regen über Dich kommt, Sonne, Sturm. Stehst da und wartest.
Dieser Vergleich traf. Ich möchte eine Handelnde sein. Ich schrieb Mr. One, ich wollte jetzt mein Leben nicht mehr als Marionette verschwenden.

Isabel möchte mich einmal vor Zorn oder Freude oder Kummer rasen sehen. Sie wünsche mich in alle Höhen und Tiefen.
Wir saßen im Gasthaus und ließen uns bedienen. Die Stühle auf der Terrasse waren aufgeklappt. Tropfen fuhren über das Geländer. Der See war grün und brodelnd. In ihr sei ein Chaos, sagte Isabel. Im Zorn schlage sie eine Scheibe ein, kaufe im Überschwang Blumen aus dem letzten Geld, und für ein Lächeln hänge sie einer schönen Fremden ihr einziges Schmuckstück um den Hals.

Isabels Arm war mit Narben bedeckt. Sie denke an Selbstmord. Wer würde sie vermissen? Ich hob den Vorhang und sah aufs Wasser. Ich ahnte, Isabels Abgang müßte effektvoll sein. Eine letzte Inszenierung, in der sie in einer großen tragischen Rolle zur Geltung käme. Das Zusammensein mit Isabel machte mich müde. Ich mochte nicht immerzu meine Aufmerksamkeit auf sie richten. Sie nahm meine Hand in beide Hände und flüsterte auf meine Finger herab, manch-

mal friere ich in deiner Kälte. Du weißt nicht, wie kalt du schauen kannst. Was denkst du jetzt? Ich schwieg.
Manchmal überrascht mich deine Lebhaftigkeit und überschwengliche Herzlichkeit, sagte Isabel. Für Momente ahne ich, wie du sein könntest. Dann wieder gefrierst du zu Eis.
Isabel erzählte ihre schreckliche Entjungferung. Die Erlebnisse, die Isabel erzählenswert fand, waren immer schrecklich. Der Inhalt blieb sich gleich. Man hat sich an ihr vergangen, hat sie hilflos gemacht, versucht, sie zu erdrosseln oder zusammenzuschlagen. Ihr wurde nach Leib und Leben getrachtet. Isabel bietet sich als Opfer an. Es gibt eine Theorie, wonach Opfer von Gewaltverbrechen unbewußt ihren Peiniger suchen. Das schien mir glaubhaft. Isabels Ehemann war nicht der Vater ihrer Tochter. Sie habe das Kind in einem Heim für gefallene Mädchen geboren. Das Heim wurde von Ordensschwestern betreut. Eine der Schwestern verführte Isabel. Natürlich weiß Isabel nicht, wie sie schwanger geworden war. Sie habe keinen Geschlechtsverkehr gehabt. Der Kerl muß sich an Isabel vergangen haben, während sie ohnmächtig war oder schlief.
Isabel: die Frau, die für keine Tat verantwortlich gemacht werden kann. An ihr geschieht. An ihr wird vollzogen. An ihr wird gefehlt. Ihre Umgebung ist ihr Schlächter. Isabel ist ein Opfer auf Lebenszeit.
Ich hatte Lust zu gehen.
Auf wen wartest du, Lisa?
Ich warte auf niemand.
Du schaust dich immer um, ich glaube du hörst mir nicht zu. Isabel tat beleidigt und schwieg eine Weile. Hörst du mir jetzt bitte zu? fragte sie dann und setzte den Bericht fort. Bis zum Moment, da meine Augen wieder abirrten. Sofort brach Isabel ihren Satz ab. Es war ihr unerträglich,

nicht der Mittelpunkt meines Interesses zu sein. Dies machte die Nachmittage mühsam. Ich fühlte mich mehr und mehr von ihr besetzt.
Im «Alpina» wartete Richard auf sie. Er schloß Isabel in die Arme. Sie schlenderten zusammen in die Halle. Ich blieb noch eine Weile im Auto, lag über das Lenkrad und lauschte dem Regengeräusch.

Mein Fräulein, Ihre Fremdenverkehrszentrale versprach das Blaue vom Himmel. Zu Hunderten, zu Tausenden fielen wir darauf herein.

Der Regen hielt den ganzen Tag über an. Die Gäste mit mißmutigen Gesichtern. Sie hüllten sich in Regenmäntel und gingen mit vorgeschobenen Schultern durchs Dorf. Der Regen trommelte auf ihre Nylonschirme. Vor dem Eingang zum «Alpina» schwangen sie die Schirme aus, strichen die Schuhe an der Matte ab und warfen das nasse Haar aus dem Gesicht. Wie einen Spieß trugen sie den Schirm auf Hüfthöhe durch die Halle. Im Vorübergehen blickten sie in die Fächer, wo Post liegen konnte. Im Aufenthaltsraum würfelten Anita, Oswin und Roland auf dem Kartonquadrat eines Spiels und klopften mit den Holzfiguren die gewürfelte Zahl ab.
Zum Glück die Fußball-Weltmeisterschaft. Die Plätze vor dem Fernseher alle besetzt.
Aus dem Holzrost über dem Radiator drang Wärme in Wellen. Die gefalzten Servietten; wie künstliche Tannen. Die Gäste warteten auf ihre Suppe, die Theresa an der Kante des Tisches aus einem Chromgefäß sorgfältig und vom Gast weggedreht in den Teller goß.
Die Fensterfront hielt die Regenstacheln ab.

Das Hin- und Hergehen mit Schüsseln und Platten, das Licht aus opalblassen Deckenlampen, die besprühten Scheiben gaben mir ein Gefühl von Vertrautheit in diesem Speisesaal des Hotels «Alpina». Und plötzlich mit warmem Essen im Bauch hatte ich wieder ein Gefühl für den Mann, dem ich an diesem Ort begegnete und dem ich entwischte, von dem ich nicht einmal den Namen wußte.

Mit angezogenen Beinen saß Isabel in meinem Zimmer auf dem Boden und schwang ihr Haar. Ihre Hände lagen auf dem gespannten Rock zwischen den gespreizten Knien. Sie hielt die Augen geschlossen.
Wie kann ich dir helfen, wenn du dir selbst nicht helfen willst, fragte ich. Du hast es geschafft, Lisa, du stehst mit beiden Beinen auf dem Boden, während ich nichts, überhaupt nichts meistere.
Sich sehen wie man ist, nicht wie man sein möchte, das wäre vielleicht ein Anfang.
Ich, eine Kassahilfe hielt Reden. Es waren One-Sätze, die ich weitergab.
Isabels Mund im hellgepuderten Gesicht erinnerte an eingetrocknetes Blut. Blutige Kämpfe lagen hinter ihr. Blut war aus ihren Pulsadern gesickert, aus Platzwunden geflossen. Ihr Monatsblut verursachte Schmerzen. Isabel stürzte, brach zusammen, verletzte sich. Sie braucht immer Hilfe, braucht Leute, die ihr zureden, sie trösten, sich um sie kümmern und die Weinende in den Armen halten. Es gibt viele wie dieser Keller, die nicht zulassen, daß Isabel selbständig wird.
Das Pech verfolgt mich, sagte sie. Und du, Lisa, liebst mich nicht. Ich tat, als übersehe ich das beleidigte Vogelgesicht.
Meine Schuhe lagen verstreut im Zimmer. Die Kleider hin-

gen am Kasten, über dem Stuhl, über dem Bett. Sie wollte, daß ich das Blumenkleid anziehe. Ihr waren meine Kleider zu eng. Nur ein unter der Brust aufspringendes Kleid paßte. Sie schlüpfte hinein und drehte sich vor dem Spiegel. Ich hatte nie eine Freundin, die mit dieser Lust in meinen Dingen wühlte, alles probierte, meine Kleider, meine Schuhe, meine Schminkutensilien, alles über meine Freunde erfahren wollte. Sie bat mich, die Ansichtskarten lesen zu dürfen, besprühte sich mit meinem Parfum, machte sich dieses Zimmer 312 ganz zu eigen.

Ich trat hinter sie und betrachtete uns im Spiegel. Sie stieß mich weg, schau mich nicht an, ich kann mich nicht zusammen mit jemand anderem in einem Spiegel sehen. So sammelte ich Schuhe ein, ein Paar flache Sandalen stellte ich neben Isabel. Sie liebte es, in meinen Dingen herumzugehen, schlüpfte aus der Isabelrolle in die Lisarolle, schien sich überhaupt nur in einer fremden Biografie wohl zu fühlen. Die Schuhe paßten ihr. Nur hohe Absätze mochte sie nicht. Ich sehe darin aus wie eine Stange, sagte sie.
Isabel fand sich zu grob. Immer sei sie die Große, die Dumme, der lange Lackel gewesen. Dich, sagte sie, möchte man Kleines nennen. Nur schon deine Händchen und deine Kinderstimme. Aber du bist stark. Und du kannst eiskalt sein. Ich kann grausam sein. Aber du bist kalt. Bei dir ist es der Kopf, bei mir das Gefühl. Sie flocht viele kleine Zöpfe in ihr Haar und malte mit meinem Goldflimmer Monde auf die Wangen. Mit zugekniffenen Augen und vorgewölbten Lippen betrachtete sie sich von allen Seiten. Wir hörten das Knarren des Bettes im Nebenzimmer. Keller war erwacht. Bald begann die Wasserleitung zu rauschen, und Isabel schlich ins Zimmer 314 zurück.

Liebes Zimmertelefon, wie klingt Dein Klingeln. Dein Schweigen kenne ich.

Der Mann rief nicht an. Der Portier hatte keine Nachricht für mich. Ich saß in der Halle und starrte in den Regen.
In Rußland waren die Temperaturen nie so hoch, in Skandinavien ließen Nackte sich von den Klippen fallen. Aber in den Alpen geriet ich in die Sintflut.

Liebes, ich muß weiter. Habe hier alles gesehen. Mag nicht länger in den Regen starren. Wünsche Glück. Werde aus dem sonnigen Süden schreiben.
Die Hälfte meines Sommers war verstrichen. Nichts Wesentliches war passiert. Bald diente man wieder dem Geldinstitut.
Ich arbeite nach denselben Reglementen und Musterblättern wie die Angestellten aller Filialen. Alles dort ist klar und eindeutig und unmißverständlich. Es gibt nur eine Antwort. Für Hunderte von Angestellten dieselbe Antwort. Je genauer ich mich ans Reglement halte, desto weniger Fehler unterlaufen mir. Je weniger Fehler mir unterlaufen, desto eher behalte ich meinen Platz.
In meinem Leben ist das Richtige und Falsche weniger eindeutig.

Die Gäste schlenderten mit aneinanderreibenden Regenmänteln und redeten in die hochgeschlagenen Krägen. Nasse Gesichter hatten sie, schlossen die Schirme vor den Schaufenstern mit Souvenirs.
Ich entdeckte Isabel. Ihr Haar war im Nacken zu einer Ballerinafrisur gebunden. «Sauber» wäre der treffende Ausdruck. Die nette Frau des netten Herrn Keller. Ein wenig

fremd, ein wenig fad. Isabels neue Rolle. Ich vermutete, Keller habe Isabel von einer neuen Lebensweise überzeugt. Oder er hatte sie glücklich genug gemacht, daß sie ihm gefallen wollte und ihm zuliebe die Neue Isabel spielte.
Sie stieß die Schirmspitze ins bauchige Segeltuch der halbausgezogenen Markise. Zu beiden Seiten stürzte ein Regenguß übers Stahlgerüst. Keller führte sie von Geschäft zu Geschäft, wartete, bis ihre Augen aufleuchteten, damit er in den Laden rennen, den begehrten Gegenstand kaufen und Isabel zur Erinnerung schenken konnte.
Zwillinge, ältere Herren, gleichgekleidet, überholen mich, bogen beim Bijouteriegeschäft wie auf innere Übereinstimmung ab, betrachteten eine Weile die Auslage, drehten sich wie auf Kommando und gingen weiter.

Auf den Hinterbeinen tanzend, bellte ein Hund den Plüsch-Bernhardiner im Schaufenster an. Der gutmütig wirkende Barry hockte zwischen Spieldosen, Holzmasken und Stickereien. Eine Rosazunge hing über die gezackte Lefze aus Filz, weißumrandete Knopfaugen starrten zum Gehsteig. Auf die dicken Pfoten waren Krallen genäht, und eine Schnapsflasche war an den Hals gebunden. Hält Ihr Hund den Hund im Schaufenster für echt? fragte ein Kind. Der Besitzer sagte, der Hund könne Plüschtiere nicht von richtigen unterscheiden, dieser im Schaufenster sei ja auch verblüffend echt. Ein dummer Hund, meinte das Kind. Ein ganz dummer Hund. Es schwang die Strickweste um seinen Körper und hüpfte, den Kinderschirm hin- und herschwingend davon. Ich blieb stehen, überrascht von der einfachen Erklärung.
Liebe Lisa Plüß, setzte ich in Gedanken auf, du fällst auf Täuschungen herein, wie der dumme Hund.

Die Werbeplakate beim Eisstadion waren bekritzelt; Mädchen mit Schnauzbärten, Männer mit winzigen Brillen. Roths schlenderten an der Plakatwand vorüber und hielten sich kurz bei mir auf. Sie waren heute im Fitneßzenter, berichtete Frau Roth. August Roth ist von allen Geräten geschüttelt, gewalkt, herumgeschnellt worden. Sie hielt den Schirm so, daß die Bespannung das Haar ihres Mannes berührte. Er zog den Kopf ein und umklammerte den Fotoapparat, der beim Vorbeugen gegen mich baumelte.

Die Straße war zur Hälfte gesperrt. Pausenlos Lastwagen mit schiefrigem Aushubmaterial. Ich suchte den Arbeiter mit einem Preßluftbohrer. Die Männer trugen gelbe Helme. In ihrer Kleidung glichen sie sich. Der Arbeiter bohrt vielleicht an anderer Stelle die Straße auf, setzt mit seinem vibrierenden Körper die Fantasie anderer Frauen in Bewegung.
Am Gehsteig ein parkender Lastwagen. Ein Kalb stellte die Vorderhufe auf die Blechrampe, riß den Kopf zurück und wurde am Strick zum Schlachthaus in der Seitengasse gezogen.
In den Schaufenstern entdeckte ich geringfügige Änderungen. Ringe statt Herzschmuck. Abendschuhe und Abendtaschen statt Sportausrüstung. Gewöhnung, das lähmendste aller Gefühle kam über mich.
Ich lief zum See. Die Oberfläche war aufgerauht und ohne erkennbares Bild. Der Himmel schmieriggrau von Regen. Schichten von Glasperlen. Immer ein neuer Vorhang, der gehängt wurde. Ich ließ mich auf die nasse Bank fallen. Es war die bekannte rote Bank neben dem bekannten Metalleimer vor dem tropfenden Gebüsch. Im See die bekannten Regenringe.

Ein welker Blumenstrauß lag auf der Bank. Wie schön einer das mit der 34. Lektion Deutsch nun sagen könnte: Ich fürchte, daß diese Blumen nicht mehr frisch sind. Fürchten Sie nicht, daß sie welken? Mit der Handkante wischte ich den Strauß von der Bank.
Ein Pudel in einem Plastikregenmantel erbrach einen schaumigen Ballen Gras. Seine Herrin hob den Hund auf, das sandige Fell beschmutzte ihren Regenmantel. Wenig später saß die Frau mit dem Pudel im Wagen des «Alpina»-Wirts. Langsam fuhren sie am See vorüber. Sein Arm lag auf dem Rückenpolster um ihre Schultern. Sie rutschte tiefer und stützte ihren Nacken auf seinen Arm.

Verehrte Damen und Herren, diese Karte ist mein schärfstes Geschütz. Sie ist von klarster Farbe. Diese Karte wird eine Änderung bewirken. Ich schreibe darauf mit meiner sorgfältigsten, deutlichsten, lesbarsten und vernichtendsten Schrift. Achtung! Mit dieser Karte übe ich nicht mehr.

Wie gewohnt lief Isabel zwischen ihrem Richard und mir hin und her, schien sich dabei wohl zu fühlen. Im Speisesaal blickte sie beschwörend zu Roth oder zum Wirt oder zu mir, ließ ihre Lippen schwellen und befeuchtet auseinanderklaffen. Sie wünschte, daß wir uns um sie stritten. Alle Welt sollte sich ihretwegen in den Haaren liegen. Für mich bedeutete Isabels mehrfaches Spiel einen Schutz. Keller wich mir aus. Studierte die Speisekarte, wenn ich in seine Richtung schaute. Laut und deutlich wünschte ich guten Appetit. Eine Aufdringlichkeit, die ich an mir nie wahrgenommen hatte.
Ich bin jemand, der stört. Zum erstenmal störte Lisa Plüß. Ich war so störend, daß man mich wegschauen mußte.

Bei der leisesten Ahnung von Ablehnung ziehe ich mich zurück.
An Isabel probte ich die Sätze, die ich zu Hause in Notizen staple. Ich sagte, ich war immer auf ein Klima der Zuneigung angewiesen. War ganz und gar davon abhängig, konnte mich nur in diesem Klima entfalten.
Die Andacht, mit der Isabel auf meinen Mund schaute. Aber natürlich hörte diese Frau mir nicht zu. Sie beobachtete meinen Gesichtsausdruck, meine Gesten, lauschte meiner Stimme nach.
Ich liebe Anfänge, das Offene, die Möglichkeit. Ein Ende, das sich abzeichnet, läßt mich sofort aufgeben. Viel zu rasch schneide ich Beziehungen durch. Eigentlich lebe ich in den Tag hinein. Ich kann mir keine Zukunft denken. Zukunft ist für mich mit einem andern Menschen verbunden. Isabel faßte nach meiner Hand.
Ich sagte, allein nicht einsam sein, heißt wahrscheinlich, im Augenblick leben. Eine einsame Anstrengung. Ich zog meine Hand weg und steckte sie unter den Kragen an meine warme Haut. Isabel sah mich aufmerksam an. Sie bewunderte den Klang der Sätze, die Intensität, mit der jemand sprach. Und daß ein anderer sich überhaupt an sie wendete, daß sie als Hörerin auserkoren war. Wie rasch dein Gesichtsausdruck wechselt, sagte Isabel. Du erscheinst mir immer wieder als eine andere.

Der Regen blieb sich gleich.
Die Gäste aus dem «Alpina», Schenkel an Schenkel mit Handwerkern aus dem Dorf im Gasthaus. Sie lernten den Dialekt der Einheimischen. Sounds so charming, lachte Mr. Smith und schlug dem Malergesellen im fleckigen Übergewand auf die Schulter. Man lachte über mißlungene

Sprachversuche. Der Regen hat den Vorteil, daß wir Einheimische kennenlernen, das sollte man in den Ferien immer tun: Sich mit Einheimischen anfreunden. Auf diese Weise eröffnet sich einem die Fremde.

Schirme schwebten draußen hin und her. Man sprach über das Dorf, die Hochhäuser am Ende der Straße, den Ferienwohnungsmarkt, die Fehlplanung. Der Staat mischt sich in unsere Angelegenheiten, meinte ein Handwerker. Ohne Behinderungen kämen sie hier im Dorf besser zurecht. Zum Wort «Staatsgewalt» machte der Bursche ein grimmiges Gesicht. Sofort stieß Isabel mit dem Handwerker an, nannte ihn Freund und küßte ihn. Verlegen zeichnete Herr Keller auf dem Tischtuch mit seinem Glas winzige Kreise und blickte eine Weile an Isabel vorbei.
Der Schiefer bilde eine Gefahr, sagte ein Einheimischer. Bei anhaltenden und starken Regenfällen könnte der Berg rutschen. Die Felsenwege seien gefährlich. Er riet, jetzt nicht auf dem Höhenweg zu wandern und sich dort mutwillig einem Steinschlag auszusetzen.

Roth bestellte eine Runde Wein. Man erzählte Witze. Schließlich: Gesang. Frau Klein, ein wenig betrunken, lachte immerzu. Sie legte ihre Hände auf die Brüste und lehnte sich zurück. Die Ohrringe pendelten. Und Isabel lachte mit ihr. Keller drängte zum Gehen. Isabel sah ihn an, wütend. Von Kopf bis Fuß maß sie ihn, zog die Nadel aus dem Haarknoten, der sich sofort löste. Beleidigt wendete sie das Gesicht von Keller ab. Er steckte seinen Finger unter den Kragen und hüstelte.
Im Kiosk kaufte ich eine Zeitung, wanderte ins Hotel zurück und schrieb in meinem Zimmer Karten.

Mein Freund, neulich habe ich Dich Tennis spielen sehen.
Du hast einen biegsamen Körper. Ich möchte Dich treffen.
Schlage meine Bitte nicht ab.
Herr Direktor, Sie benahmen sich wie ein Trottel. Ich saß
am unteren Ende Ihres Tisches, Plüß Lisa, Kassahilfe, grünes Kleid, rötliches Haar. Sie haben auf Ihrer Speisekarte
die Gänge abgestrichen. Les haricots verts blieb offen. Die
Herren Prokuristen lachten über Ihren Humor.

Einen Weg entdeckt. Sofort eingebogen.
Der Weg war für mein neues Auto zu steil, zu schmal. Bei
der Post parkte ich, und wir stiegen um. Ein Jeep verbindet
die Bushaltestelle bei der Post mit dem Dorf über der
Schlucht. Er fahre, sagte der Mann, wenn das Postauto angekommen sei. Er kannte die Wirtin des kleinen Berggasthofs, die von diesem Dorf über der Schlucht auf die andere
Seite hinübergeheiratet hatte. Wir warteten auf eine Bäuerin, die vom Postauto in den Jeep wechselte. Das Fahrzeug
rumpelte die steile, gewundene Straße hinauf. Die Plane
war vom Regen durchnäßt, und Wasser rann dem Gestänge
entlang. Wir mußten zusammenrücken, wurden hin- und
hergeschleudert. Zwischen schwarzen Holzhäusern und einer Kirche bremste der Jeep. Der Fahrer half der Bäuerin,
danach Isabel, dann mir aus dem Jeep. In einer Stunde fahre er zur Post zurück. Wir sprangen über die Pfützen weg
zur Kirche. Das Hauptportal war verriegelt, aber das Seitenportal war offen, und wir schlüpften in den düsteren Raum
aus dicken Quadern.
Für dieses Haus von Gott haben Menschen, drahtige Weinbauern, Küfer, Schmiede, das Geld gespart vom wenigen
das übrigblieb, haben Stein um Stein zusammengetragen,
gehauen, aufgeschichtet. Neben der täglichen Arbeit diese

Fronarbeit. Sie sahen darin einen Sinn. Aber wie müssen sie sich diesen Gott vorgestellt haben? Mächtig und fordernd und schrecklich in seinem Zorn?
Die schmalen bunten Fenster in den Nischen warfen spärliches Licht. Ein üppiges, mit Blattgold versehenes Schnitzwerk umrankte über dem Hochaltar Szenen aus dem Leben der Heiligen Familie. Es roch nach Bienenwachs, Weihrauch, Rosen und Moder. Auf den vordersten Platz einer jeden Bank waren Gebetbücher geschichtet.
Die Einwohner strömen aus ihren ärmlichen Behausungen, sagte ich, und sehen diese Kostbarkeit. Hier erleben sie die andere, die Sonntags-Stimmung. Es liegt eine Verzauberung im Singsang des Priesters, dem anschwellenden und verhallenden Chorgesang, der Musik aus silbernen Orgelpfeifen, der Zeremonie am Altar im Geflacker der Kerzen, den Gewändern aus Spitze und Goldstickerei, dem gehämmerten Goldtabernakel. Und im Augenblick des Ausruhens in Schönheit betritt Hochwürden die Kanzel. Das nenne ich Regie.
Ein Mesner huschte aus der Sakristei. Vor dem Hochaltar beugte er die Knie, bekreuzigte sich und wieselte zur Mariafigur, wo auf einem Schemel ein Messer mit Wachs an der Klinge lag. Damit kratzte er die Kerzenstümpfe vom Eisendorn. Wir wanderten durch den Mittelgang, knieten uns jede auf eine Seite in einen Beichtstuhl. Isabel flüsterte die Sünde gegen ihren Richard Keller.
Mit dem Körper gelogen. Nachts auf seinen pfeifenden Atem gelauscht. Gehaßt. Gedacht, dieser Mensch atmet mir die Luft weg, ich bin der Ausdünstung dieses Menschen ausgeliefert.
Ich schlug den violetten Samtvorhang zurück. Auch sie schlug den Vorhang zurück. Der Mesner blickte zu uns, är-

gerlich über die Störung. Sich vor dem Altar noch einmal verbeugend, schlich er auf Zehenspitzen in die Sakristei.
Isabel entnahm dem Behälter eine Kerze und zündete sie an einer brennenden an. Wünsch dir etwas, Lisa!
Sie drückte meinen Arm. Wir standen stramm, mit zusammengestellten Füßen. Mir fiel nichts ein. Ich wünsche mir etwas Besonderes, flüsterte Isabel. Kannst du es nicht erraten? Magst du es nicht erraten?

Liebe Isabel, ich bin bestürzt.
Isabel! Dein Benehmen gestern hat mich befremdet. Wie kannst Du erwarten, daß ich mit Dir, wie kannst Du so etwas erhoffen!

Der Wirt versprach Sonne.
Dreimal im Tag versuchten ihm die Gäste zu glauben.
Der Saal war erleuchtet, die Gäste farblos in der breiten Fensterfront enthalten. Frau Klein betrachtete sich, schob mit ihren gespreizten dicken Fingern die blonden Locken zurecht. Ein Ring glänzte auf. Dieser Ring sei täuschend echt, fand Frau Roth und drehte Frau Kleins Ringfinger gegen das Licht. Er ist echt, versicherte Frau Klein. Bergkristalle sind auch Edelsteine. Sie habe aber an einen Diamanten gedacht, meinte Frau Roth. Auch dieser Stein sei hübsch, gewiß. Frau Klein lächelte säuerlich und zählte Tropfen in den Löffel. Der alte Mann an Tisch zwei blickte über sie weg oder durch sie hindurch.
Der Gedanke: Einen Körper pflegen und schmücken, der für niemand vorhanden ist. Der Gedanke, daß Frau Klein meine Zukunft lebt.
Mädchen aus einer Modezeitschrift wurden von Freunden des Wirts zu den zusammengeschobenen Tischen geführt.

Eine Geburtstagsfeier. Stehend sangen sie Happy birthday to you. Zum hellblonden Haar hatten die Mädchen schräggestellte, schmale Augen. Ich dachte, sie müßten fauchen. Aber sie zerlegten mit den schwarzroten Nägeln artig ihre Scampi.

Anita, Oswin und Roland rannten um die Tische und krochen unter den Stühlen durch. Ihren Weg zeigten die ruckenden Lehnen. Die Eltern verfolgten zusammen mit dem alten Paar die Fußball-Weltmeisterschaft im Fernsehen. Theresa glaubte, sich für die fremden Kinder entschuldigen zu müssen. Die Langeweile, das Wetter; die Kleinen können sich nicht allein beschäftigen, sie sind ja noch Kinder. Ich versicherte, die Kinder würden mich nicht stören. Theresa schien froh zu sein. Und die Kinder störten mich über alle Maßen.

Mit Kreide wurden Ausflugsmöglichkeiten mit dem Autobus und Abendunterhaltungen auf eine Tafel in der Halle geschrieben. Die Vorschläge wiederholten sich nach sieben Tagen.
Nie haben wir verregnetere Ferien erlebt, sagten die Gäste. Hatten sie andere Jahre einen Schirm benützt? Sie erinnerten sich nicht. Die Ferien in ihren Alben waren schön. Ausnahmslos. Von Sonne überstrahlt.
Wir hätten eine Regenversicherung abschließen sollen, fand Escher. Dieses Jahr hätte sie sich bezahlt gemacht.

An das Inspektorat.
Meine Herren, die Empfangsbestätigungen sind lückenlos bis auf die letzten drei Wochen und befinden sich der Nummer nach in meiner Pultschublade, Mitte links.

Herr Hauptkassier, lieber Herr Dimmler, es gefällt mir hier außerordentlich. Nette Leute. Und Wanderwetter! Ich erhole mich. Ich denke nicht daran, zurückzukehren. Leben Sie wohl!
Mein Donnerstagabend-Mann, heute hätte ich Dich aus einer Telefonzelle angerufen. Ja, all diese Mühen mit Münzen wechseln, auf das Freiwerden einer Kabine warten, im Telefonbuch eine Nummer suchen, das richtige Kleingeld in den Zähler werfen und die Wählscheibe bedienen, all diese ernüchternden Tätigkeiten hätte ich für ein kurzes Gespräch mit Dir, Du ahnst nicht, wieviel ich heute um ein paar Worte mit Dir gegeben hätte. Leider habe ich Deine Adresse nicht gewußt.

Am Morgen war der Himmel heller. Die Fahrbahn trocknete der Mitte zu. Auf dem Gehsteig waren die Tische gedeckt. Mit gekreuzten Beinen und vorgeschobenem Becken lehnte ein Jüngling an der Ecke des Kiosks. Zeit für einen Kaffee?
Ich hob die Hände, als bedauerte ich. In den Ferien hat man für alles Zeit, rief er mir nach.
Mr. Smith trat vom Gehsteig und klappte die Lederhülle vom Fotoapparat. Eine Frau in der dunklen Tracht der Gegend schritt gerade vorbei. Er ging in die Knie, die Trachtenfrau drehte sich, wartete, er fotografierte und dankte überschwenglich für das Bild.
Ein Hund, der meinem Hund gleicht, umzirkelte die Fremden. Seinen Herrn fand er nicht, setzte sich zitternd an die Mauer. Ich redete ihm zu, er spähte unruhig um meine Beine. Bei der Kirche begegnete ich der Trachtenfrau zum zweitenmal. Das Sirren einer Kamera hatte mich auf sie aufmerksam gemacht. Man filmte, wie die Frau langsam

über den Kirchplatz schreitet, auf halbem Weg stehen bleibt und zur Kirchturmuhr aufschaut. Der Trachtenhut schob sich dabei in den Nacken, und die Dekoration wurde sichtbar. Die Frau holte ein Gebetbuch aus der Falte ihres Kleides und ging bedächtig zum Portal. Dort schaute sie zum Filmenden. Er rief, vielen Dank. Sie nickte und ging rasch über den Platz.
Auf der andern Straßenseite filmte der Fremde nun das Eisstadion, die Kamera zielte in meine Richtung. Langsam und steif wanderte ich der Plakatwand entlang.
Hier geht eine Touristin. Hier geht das pausierende Visumzeichen LP.

Herr Hauptkassier, ich gratuliere. Sie haben den Personalführungskurs mit Erfolg bestanden und die Aufgaben glänzend gelöst. Dank rascher Auffassungsgabe waren Sie einer der Besten. In der Kaffeepause haben die Angestellten von den Tests erzählt. Und wie alle Prokuristen die simulierten Schwierigkeiten rasch und richtig lösten. Und wie sie alle personalführungsfähig befunden zurückgekehrt sind. Und daß unsere Chefs nun alle um einen Ausweis für Kaderschulung reicher sind.
Aber ich bin kein simulierter Modellfall. Ich habe die Empfindung, mehr als ein Visumzeichen zu sein. Ich bin ein Mensch und zu unberechenbaren Gefühlen fähig. Ich mache Ihnen die Arbeit in der Praxis schwer, sie wenden an mir die gelernte Technik an, und ich reagiere widerborstig. Wer will schon ein Fall sein, den man im Kursprogramm lernt, den man in einer Zusammenfassung nachschlagen kann?
Und wenden Sie das Gelernte nicht an, sage ich, wozu der Aufwand, wo bleibt das Resultat?

Die Übungen am Modell im Theoriezimmer sind nie mit der Situation im Alltag und unter Streß zu vergleichen.
In einer Filiale wie der unseren, wo jeder jeden kennt, bleibt wenig geheim. Doch ich kann kaum glauben, daß andere Chefs trotz Personalführungskurs brüllen oder Telefonhörer oder Akten zu Boden schmettern. Da geht es mir vergleichsweise gut. Sie, Herr Hauptkassier brüllen nicht, Sie drohen nicht, Sie werfen keinen Telefonapparat.
Ich frage mich, warum macht man sich diese acht Stunden, die man zwangsläufig miteinander verbringen muß, so schwer?
Nicht die großen Probleme sind es, die Mühe machen. Es sind die Gehässigkeiten, das Rangeln, das Aufspielen voreinander, die winzigen Demütigungen.
Wir verbrauchen uns in Bürohäusern, Fabriken, Geschäften, Fahrzeugen, Wohnblöcken, Ehen. Ein Tod in Raten, Herr Hauptkassier.

Die Welt ist, was ich mir vorstelle, schrieb Mr. One. Ich verstand nie, warum dieser Mann, ein Politiker, ein Kämpfer, ein Abenteurer, mit einer Kassahilfe in ein Leben aus Papier flüchtet.
«Irgendeine Hoffnung braucht der Mensch.» Ein oft geschriebener Satz von One. Er müsse, er wolle glauben. Lisa, wir werden in einem Haus hinter einer Mauer leben. Wir werden Kinder haben. Ich schreibe Buch um Buch. Mitten in der Nacht wecke ich Dich und lese Dir vor. Wir werden in Schönheit und Harmonie leben. Glaube mir, Lisa, zweifle nicht.
Mit jedem Brief versuchte er sich selbst zu überzeugen.
Er hatte öfter eine Granate in der Hand als einen Blumenstrauß. Ich glaubte ihm das. Uns trennt eine Generation.

Darum wohl kann ich die Granate nicht verstehen. Ich kann vieles nicht verstehen. Er glaubt an Träume. Ich glaube nicht daran. Ich trenne das Unmögliche vom Möglichen. Ich wüßte nicht einmal zu sagen, welches eigentlich meine Träume sind. Dazu müßte ich die Zukunft in meine Pläne einbeziehen. Und ich kann nicht anders als von einem zum andern Tag leben.
One überraschte mich mit immer neuen Ideen. Im Kopf ist alles machbar.
Ja, schrieb ich, ich komme auf die Kreuzfahrt, ja, ich wohne mit Dir zwei Monate in New York.
Ich kann nicht über die Ferien hinaus vom Geschäft freinehmen. Das wußten wir beide. Und er wird auf seine Reisen nicht mich, sondern seine Frau und seine Kinder mitnehmen. Wir spielten mit Möglichkeiten. Mir gefiel es, jede in Betracht zu ziehen.

Lieber One, ist es nicht möglich, ohne Träume zu leben?
Durch Träumen wird das beste zum allerbesten Leben, antwortete One. Aber, warf ich ein, die Sehnsucht nach einem Zustand, den man nie erreichen wird, erschwert vielleicht das Zurechtkommen im Leben, mit dem wir uns auseinandersetzen müssen? Ich frage mich, warum wir uns der Fantasie nur fürs Nebenleben bedienen? Es gibt Augenblicke, da halte ich mich für eine Erfindung. Ein Mechanismus, aufgezogen, auf den Boden gestellt, ablaufend. Mit der Freizeit weiß ich nicht viel anzufangen, müde und ausgelaugt und ohne Vertrauen, wie ich bin. Still sitze ich da und stelle mir vor, wie ich Situationen meistere. Statt Handlungen auszuführen, stelle ich mir Handlungen vor. Sehe mich im Herbst Blumenzwiebeln in die Eternit-Kistchen stecken, sehe die üppig blühenden Pflanzen auf dem Balkon der

Wohnung von Lisa Plüß. Im Frühling hängen am Geländer meines Balkons die kahlsten Kistchen des Hauses.

Spielen Sie Squash, fragte Mr. Smith. Leider weiß ich nicht einmal, was das ist, sagte ich. Die Fotos seines Hauses in den Staaten habe ich schon zweimal gesehen.
Es fing wieder zu regnen an. Oswin stopfte die Wolltroddeln seiner gestickten Bauernbluse in den Mund. Anita schlug ihn, er weinte. Die Mutter warf die Serviette auf den Tisch und schrie. Die Kinder taten, als hörten sie sie nicht. Da erhob sich die Mutter, griff Oswin, Anita und Roland und verließ mit den lärmenden Kindern den Speisesaal. Der Vater schaute aus dem Fenster, als ließe sich das Drama durch Wegschauen vergessen.
Frau Klein trug die blonden Locken unter einem Netz. Eine Hand spielte am Ohrgehänge. Sie lächelte zu Tisch zwei. Der alte Mann rührte sich nicht. Nur sein Arm bewegte den Löffel vom Teller zum Mund.
Die Bar war überfüllt. Rauchspiralen wanden sich an den Blattpflanzen hoch. Ich berührte eines dieser grünen, wächsernen Blätter. Es war aus Plastik. Die Freunde des Wirts waren da. Ihre Zahl an diesem Abend kleiner. Es waren keine neuen Gäste angekommen. Durch Informations-Kanäle mußten die Freunde des Wirts im Bilde sein. Ich setzte mich mit einem Buch in die Halle. Eschers in der Ecke blätterten in Zeitschriften und füllten die Kreuzworträtsel aus. Der Portier beschäftigt mit Anrufe-Beantworten und Verbindungen-Herstellen. Ich schreckte bei jedem Klingeln auf. Keines war für mich.
Isabel, nur mit einem Nachthemd bekleidet, stürmte die Treppe herab. In der einen Hand ein Köfferchen. Ihr Gesicht weißer als sonst, die Augenfarbe verwischt. Sie über-

hörte meinen Ruf, marschierte geradewegs zur Drehtür und ging im Regen davon. Der Lift kam an, Keller stürzte heraus und suchte sie in der Bar. Der Portier deutete zur Drehtür und Keller eilte hinaus.

Wie ruhig ich hier sitze. Eine Statue. Der «Gast» in Marmor gehauen. Und draußen jagen zwei Personen im Dunkel zum dramatischen Höhepunkt.

Die Tochter Escher hob den Vorhang vom Fenster, schaute in den schwach erleuchteten Park und erstattete ihren Eltern Bericht. Er würde einer solchen Person nicht nachrennen, meinte der Vater. Man habe als Mann seinen Stolz. Es war unvorstellbar, daß ihm eine der beiden gleichgekämmten Damen weglaufen könne.

Keller kehrte mit Isabel zurück. Trug ihr Köfferchen. Regentropfen rannen daran herunter. Das Nachthemd schwer vor Nässe, die Haare hingen in Strähnen über Isabels Schultern. Sie wehrte sich gegen Kellers umklammernden Arm, stolperte neben ihm her zum Lift.

Das Opfer, hieß ihr Schauspiel. Sie veranschaulichte die Rolle mit übertriebenem Stolpern und jähem Hochreißen des Arms. Machte uns alle zu Zeugen. Ich empfand ein wenig Sympathie für den Mann.

Langsam lösten sich die Leute in der Halle aus ihrer Erstarrung. Die Tochter Escher fragte mit heiterer Stimme, Fluß in Sibirien, mit zwei Buchstaben? Ob, sagte der Greis und schaute über Eschers weg auf einen Punkt in seinem Innern. Ich hatte den Mann zum erstenmal reden gehört. Die Damen kritzelten das Wort ins Rätsel. Es paßte.

Die Tage ohne Datum und ohne Namen. Man wickelte trotz Regen sein Programm ab. Man füllte den Platz an Tisch fünf. Nach dem Abendessen blieb ich sitzen. Die

Stunde der Telefonanrufe. Es regnete auch zu Hause. Zu Hause war alles in Ordnung. Die Gäste werden bei ihrer Rückkehr alles finden, wie sie es verlassen hatten. Nur daß die Ferien hinter ihnen liegen und sie wieder ein Jahr an Fließbänder, Küchenkombinationen, Pulten, Zeichentischen, Maschinen verbringen und auf die nächsten Ferien zu leben.
Ich wartete in der Halle, bis die Bar geöffnet wurde. Rauch wallte den Samtvorhängen nach, hing in gelockten Fäden an der Decke. Der Spiegel im Goldrahmen enthielt die weinroten Draperien. Hinter den Vorhängen und Rolladen war der Regen nicht zu hören. Das blaue Licht des Fernsehapparates leuchtete in den Gang. Oswin hängte sich an die Klinke und schwenkte die Tür. Sie war sein Schiff.
Escher glaubte an Gewinnmöglichkeiten unseres Landes und zählte die Schwächen der Gegner auf. Wir, meinte er, werden es bis zum Finale schaffen. Nur nicht aufgeben. Nur nicht die Hoffnung verlieren.
Die Kreuzworträtsel in den aufliegenden Heften waren ausgefüllt. Frau Escher steckte den Kugelschreiber in die Brusttasche ihres Mannes. Sie trug dasselbe Halstuch wie die Tochter. Es waren die Tücher, die sie bei unserem Bummel durchs Dorf gekauft hatten.
Ich wechselte in die Bar und drehte mit den andern Gästen Drinks in den Händen. Lustlos saßen wir herum. Ich sah die Zuführ- und Schluckbewegungen im getönten Spiegel.
Die Vorstellung, daß diese Leblosen kurz zuvor einen Augenblick der Entzückung erlebten, dann die Spermien von ihrer Haut wuschen. Nun rühren sie träge im Eis und prosten sich zu.
Die Reden kreisten um Flüge in die Ferne. Von allen Verkehrsmitteln wurde das Flugzeug vorgezogen.

Sich in die Luft heben und verändern. Vogelwohl sein, vogelfrei, leicht wie ein Vogel.
Theresa preßte Zitronen. Ein Freund des Wirts scheitelte mein Haar und blies in meinen Nacken. Der Wirt machte mich mit seinem neuen Freund bekannt. Er stellte die Fragen, die diese Freunde an jedem Abend stellen. Ich mochte nicht antworten. Mit beiden Händen hielt ich das Glas vor mein Gesicht. Ich hatte Lust, den Becher in den Spiegel zu schleudern. Damit endlich etwas geschieht.

Regen.
Die Sintflut.

Geehrtes Fräulein X, Sie waren so freundlich, mir einige Prospekte über diesen Fremdenkurort mitzugeben. Ich habe die Versprechungen gelesen und eine erholsame Zeit erhofft. Ich erwartete, viel Schönes zu sehen. Sie haben mich enttäuscht. Hier werde ich an alle Gebrechen der Welt erinnert. Eben humpelte eine ältliche gelblederne Person in schwarzem Rock, schwarzen Strümpfen, schwarzem Gummizapfen am Gehstock vorbei. Ich legte den Mokkalöffel neben die Tasse und mußte an Krebs denken, an fürchterliche Wucherungen, an faulendes Fleisch. Als ich mich endlich auf die Geranienpommel konzentrieren konnte, heulte ein Motorradfahrer aus der Seitengasse, schlenkerte, bockte, hob im Fahren das Vorderrad, als wäre da, gerade vor meinem Tisch ein Hindernis. Knatternd fuhr er aus meinem Blickfeld, aber da wurden von der andern Seite auch schon vier Rollstühle vorbeigefahren und ein Blinder tastete sich über den Weg.
Was bedeutet diese Demonstration? Und an einem Tag, da ich nach Harmonie und Schönheit lechze.

Heute muß ich 100 Karten schreiben für meinen Unglücksrapport.

Der Mann stand neben mir, schaute mit mir ins Schaufenster.
Ich wollte ihm etwas sagen; ich hätte ihn beim Tennisspielen beobachtet. Aber ich schwieg und zeigte auf einen pastellfarbenen Satinschuh, sah im Fenster, daß er den Kopf wiegte, als stelle er sich den Schuh an meinem Fuß vor. Und meinen Auftritt in diesen Schuhen, meinen Gang auf ihn zu und neben ihm her, mit dieser seiner Hand auf meiner Schulter. Er nahm mir den Schirm ab, und ich hängte mich bei ihm ein.
Einmal habe er im «Alpina» angerufen. Er hinterließ seine Nummer.
Dieser Trottel von Portier behauptete, es wäre keine Nachricht für mich da.
Der Mann fürchtete, in der Zwischenzeit sei ich abgereist.
Wir bogen in ein Quartier mit Tannen und alten geräumigen Häusern in der Tiefe der Parks. Der Regen kappte Büschel dunkelgrüner Nadeln von den Zweigen. Und die schweren Tropfen ließen die Nadeln über den Boden hüpfen. Die Naturstraße war mit Pfützen bedeckt. Wir wichen den Wasserlachen aus, wichen einmal auf seine, einmal auf meine Seite. Das Schlängeln um Pfützen wurde zu einem Spiel. Wir achteten nur noch auf Pfützen. Ich drückte nach links und er nach rechts. Unser Leib pendelte sich in eine einzige Bewegung. Ich schwang an ihn geschmiegt zur Seite, wurde wieder weggetrieben.
Als wäre es von Anfang an unser Ziel gewesen und brauchte keine Erläuterung, marschierten wir zwischen den steinernen Pfosten in den Park des «Alpina» ein. Ich verlangte

beim Portier den Schlüssel. Im Zimmer 312 ließ der Mann sich mit mir aufs Bett fallen.
Er streifte mir das Kleid vom Körper.
Bewegungen, selbstverständlich wie Gehen.
Erschöpft, nur noch leise wimmernd, lag er schräg über das Bett. Seine Arme wurden schwerer. Im Schlaf bebte er auf, schlug einmal die Zähne aufeinander und lag dann still. Seine Lider blaßviolett und aufgequollen.
Daß ich Liebesgesichter nie in Erinnerung behalten kann? Diesen Ausdruck von Schmerz und Lust, der nie auf der Straße, hinter Pulten, Werkbänken, Tischen zu finden ist.
Ich war durchdrungen von Wärme. Jetzt hätte ich sagen können, du bist alles für mich. Und es stimmte für den Augenblick.
Er war sehr nett. Das ist es, was ich von ihm hätte sagen können. Ich habe einen netten Mann kennengelernt, Edith. Meine Nachbarin würde die Lippen ins Fell meines Hundes pressen, vermutlich um nicht lauthals zu lachen, um nicht zu erwidern, das war vorauszusehen, so ist es doch immer. Du hast jedesmal einen netten Mann kennengelernt. Alle Ferien haben so geendet. So werden sie immer enden.

Ich wollte ihn nicht wecken. Ich hätte nicht gewußt, was ich ihm oder was er mir sagen könnte. Ich kauerte auf dem Sessel und betrachtete den Mann. Er hieß Rolf.
Im Grunde gab es in meinem Leben nur einen Mann. Er hieß ABC.
Die Kleider lagen auf dem Teppich. Nichts schien unpassender in diesem Hotelzimmer als dieser Haufen Männerkleider. Das Bettzeug hing zu Boden. Ich wollte später das Zimmermädchen suchen. Neue Bettwäsche bestellen. Zuse-

hen, wie das Zimmermädchen das Bett frisch bezieht. Jede Bewegung genau verfolgen. Das Auswerfen des weißen Leintuchs, das Unterschlagen und Glattziehen, das Überziehen von Kissen und Decke. Ich stellte mir den frischen Duft der Wäsche vor. Lavendel.
Rolf erwachte, bemerkte mich auf dem Stuhl und streckte den Arm nach mir aus. Ich rührte mich nicht, und er ließ den Arm auf seinen Schenkel fallen.
Du mußt jetzt gehen.
Muß ich?
Ich öffnete die Hand, als würden besondere Umstände verlangen, daß er geht. Das Kinn auf meine angezogenen Knie gestützt, schaute ich zu, wie er seine Wäsche vom Boden angelte, sich dazu auf den Bauch drehte und weit über das Bett hinauslehnte. Das Leibchen mußte er wieder ausziehen und auf die richtige Seite wenden.
Du hast mich verwirrt.
Ich hob die Schulter: meine ewiggleiche Antwort auf einen Satz wie diesen, in einem Moment, da man schon fast auseinander gegangen ist.
Ich lehnte im Badezimmer an der Kachelwand. Rolf schlug sich Wasser ins Gesicht.
Er wäscht den Geruch der Liebe ab. Er reibt die Erinnerung aus seiner Haut.
Ich wünschte, er würde es nicht tun. Mir fiel ein, daß ich dasselbe tat, indem ich mir das Bettenbeziehen in jeder Einzelheit vorgestellt hatte.
Die Wasserleitungen in den Zimmern begannen zu rauschen. Die Gäste machten sich für das Abendessen bereit.

Bei geschlossenen Fensterläden hörte der Regen sich an wie das Rauschen eines nahen Bachs. Ich blieb länger im Bett.

Das «Alpina» organisierte Burgenbesichtigungen, Museumsbesuche, Gratisdegustationen. Busse holten die Gäste mit ihren Lunchsäcken. Vom Portal zum Bus begleitete der Portier die Gäste mit einem riesigen Schirm. Eschers, Smiths, Roths und Frau Klein suchten einen Sitzplatz auf der Seite des Hotels. Sie näherten das Gesicht den nassen Scheiben und winkten den Zurückbleibenden. Frau Smith löste ihre Regenhaube und kämmte mit den Fingern durchs Haar.

Die Kinder hatten alle Spiele schon gespielt. Sie quengelten und wollten Theresa beim Tischedecken helfen, wollten die Küche sehen, wollten aus den Servietten Kochmützen gefaltet haben. Ihre Eltern hingen im Fitneßzenter in den Gurten, oder lasen, oder verfolgten die Fußball-Weltmeisterschaft. Seit Tagen haben die Gäste keine Außenaufnahmen gemacht. Sie schossen mit Blitz, wie sie hinter Tellern saßen, Gläser aneinanderhielten, heiter lachten. Und sie knipsten den Wirt, der seiner Frau für das Bild den Mund zum Kuß entgegenspitzte, knipsten die Bar mit einigen Freunden des Wirts. Die Aschenbecher waren voll von verknüllten Stanniolhüllen und leeren Filmpackungen.

Der nasse Asphaltstreifen zeigte das Auf- und Zuklappen der Beine. Jetzt fährt dieser Bulle zum zweitenmal an uns vorbei, sagte Isabel und preßte meinen Arm.

Sie war mit Wörtern solidarisch und mit Menschen, die diese Wörter schrien. Sie würde sich einem Protestmarsch anschließen, wenn nur die richtigen Reizwörter auf Transparenten stünden. Fäuste schwingend oder singend oder Blumen streuend würde Isabel mitmarschieren.

Ich sagte, ich kenne eine, die übte an mir das Thema: Befreiung der Frau. Bei der Ankunft stellte sie einem Mann ihren Koffer vor die Füße. Er mußte ihr Gepäck tragen.

Während er mit ihrem Koffer neben uns herging und sie beide Hände für Gesten frei hatte, setzte sie ihre Rede über die Unterdrückung der Frau fort. Plötzlich fiel ihr ein, daß sie fremd war in dieser Stadt und den Namen des Hotels vergessen hatte. Sie rannte aufgeregt in der Bahnhofhalle umher. Ihr weites Cape flatterte, sie rief immer Hotel, Taxi. Der Träger und ich halfen ihr die Straße finden und winkten ein Taxi heran. Für den Notfall schrieb ihr der Mann Adresse und Telefonnummer in ihren Taschenkalender. Erschöpft fiel sie ins Polster. Klein sah sie aus, mit ihren geweiteten Augen, ein hilfloses Kind.
Und hält Reden. Und will die Frauen befreien.
Schade, daß du nicht politisch bist, sagte Isabel und schwieg beleidigt für den Rest des Nachmittags.

Mein lieber Rolf, wir müssen uns unbedingt treffen. Ich muß mit Dir reden. Mein Benehmen neulich, komm, ich bitte Dich.

Die Gäste des «Alpina» im erleuchteten Speisesaal, wie in einem Schiffsbauch. Eine geschlossene Gesellschaft. Die hellen Gesichtsscheiben der Passanten unter glänzenden Schirmen waren auf die breite Fensterfront gerichtet. Ich an Tisch fünf, einem Zweiertisch mit einem Einzelgedeck, eine Kassahilfe in den Ferien, eine Figur, die für kurze Zeit in dieser Gegend auftritt, wurde von Isabel übersehen.
Auf meine schönste Karte schrieb ich, Wunderbarer, einmaliger Einziger, ich versichere Dir, ich bin zu einer Bindung fähig. Du hast Dich in mir getäuscht. Glaube mir!

Nach dem Essen Zigeunermusik aus der Kassette in einer Lautstärke, die die Unterhaltung nicht störte. Herr und

Frau Roth waren in Ungarn gewesen. Sie seien immer da, wo etwas los ist. Die Musik erinnere sie. Um sie müsse Betrieb sein. Herr Roth spricht vier Sprachen. Hat Freunde überall auf der Welt. Eben weil er sich verständigen kann. Sprachen weiten den Horizont, man muß nicht hilflos mit den Armen rudern und nach Zeichen suchen. Sprachen wären oft nützlich, meinte Theresa. Nur schon um den Gästen Menü und Preise zu erklären. Roths blickten an Theresa vorbei, hatten ihr den Wirt nicht verziehen, und sie winkten die Wirtin an den Tisch. Escher meinte, die ausländischen Kellner geben sich keine Mühe, unsere Sprache zu verstehen. Aber ich frage Sie, wollen die etwas von uns, oder wollen wir etwas von ihnen? Sie sei derselben Ansicht, sagte Frau Klein. Und was meinen Sie? Der Greis starrte auf die vor der Parkleuchte glitzernden Regenfäden.

Die Eltern der Kinder wollten nach Hause reisen. Der Mann wird wieder Möbel verkaufen. Er habe gelernt, Dinge zu verkaufen, die die Leute nicht wollen. Überredungskunst sei wichtig. Sie müssen überzeugen. Ihr Mann glaube selbst beinah, was er den Leuten erzähle, meinte lachend die Frau.
Sie wissen, daß Sie nicht die Wahrheit sagen, aber Sie glauben an Ihre Argumente? Ja, das tue er, müsse er, selbstverständlich.
Die gelungene Darstellung einer Wahrheit bedeutet Ihnen also mehr als die Wahrheit selbst? Er steigere sich hinein, es mache ihm Spaß. Seine Arbeit bestehe im Überzeugen.
Und meine Arbeit? Im Verkleinern des Belegstoßes? Transaktionen für Menschen, die man nicht kennt. Geschäfte, die man nicht durchschaut.
Ich schob den Fuß meines Weinglases im Kreis herum.

Ich habe vierzig Jahre zu wenig gefragt. Ein halbes Leben vertan. Mehr und mehr wird mir alles abgenommen. Das Fragen. Das Antworten. Das Entscheiden.

Ich kaufte für Isabel die Platte «African Piano» von Dollar Brand. In der Musikabteilung Mädchen und Burschen dicht beieinander auf Barstühlen. Über die Ohren hatten sie Kopfhörer gestülpt, schauten vor sich hin und wiegten sich. Jeder für sich. Jeder vom andern weg. Lautlos drehten die Platten. Von Zeit zu Zeit schwenkte ein Plattenarm auf die Gabel zurück. Ein Mädchen in viel zu engen Hosen legte den Kopfhörer in die Vertiefung und zeigte nickend auf den Plattenteller. Die Verkäuferin ließ die Platte in die Hülle rutschen. An der Stehbar bekam ich das bestellte Cola in der Büchse und schlürfte das Getränk mit einem geknickten Röhrchen. Draußen drückte sich ein Hund gegen die Mauer und sprang in den Eingang der Apotheke. Seine Herrin zog an der Leine, er sperrte sich und verfing sich in den Beinen einer Kundin, die unter dem Vordach den Regenmantel abklopfte.
Auf der Bretterwand des Eisstadions andere Werbeplakate. Inzwischen haben die Kinder auch diese aufgerissen und Streifen von den bunten Versprechungen geschält. Wieder wird ein Arbeiter mit Papierrollen anrücken und auf die zerfetzte Schicht ein neues Plakat kleben.

Mit dem Postauto fuhr ich zur letzten Haltestelle beim Busdepot und wanderte zum ersten Hochhaus des neuen Dorfs. Ein Weg mit Erdklumpen übersät. Das Vieh unbeweglich auf den Schwellen im Hang. Ein schmutziggrauer Bach im Graben neben dem Weg. Holzstücke fuhren im Wasser, schlugen an die Betonplatte, unter der das Wasser in eine

Schlucht stürzte. Aus dem Sicherheitsnetz am Fels quoll Erde. Die losen Schieferplättchen klickten gegeneinander. Jeden Augenblick konnte das Maschengitter reißen.

Der Schiefer rutscht und donnert mit dem Weg in die Schlucht. Ich, die einzige Wanderin, bin vom Dorf abgeschnitten. Und es wird nie möglich sein, über die endlosen Monologe hinauszukommen.

Der Trax steckte im Schlamm. Wind und Regen hatten die Strohbedeckung von der Böschung gerissen. Die Arbeit der Gärtner war zerstört.

So lange weile ich hier, daß ich die Hoffnungen und Enttäuschungen fremder Menschen miterlebe.

Ich stapfte durchs hohe Gras hinunter zum Bach. Ein Duft nach Moos und saurem Klee. Gebüsch und Nadelbäume bis hinunter zum Bach, der stiebend und schäumend über Steinblöcke schoß. Der Farn war niedergedrückt. Der Regen trommelte in die Spinnweben an den faulen Strünken. Fichtenzweige schüttelten sich über mir aus.

Isabel habe, als sie betrunken war, die Bäume den Atem anhalten hören. Hinter ihr hätten die Büsche leise gelacht. Über Isabel gelacht, weil ihr Mann sie betrogen habe. Die Natur habe Isabel ausgelacht. Seither betrachte sie die Bäume und Büsche als lebende Wesen.

Der Bach rauschte stärker als der Regen. Der Steg, ein paar zusammengenagelte Latten, stand unter Wasser. Ich mußte zurück durchs verstruppte schwere Gras. Die Regenhaut wehte auf, und mein Sommerkleid klatschte um die Schenkel. Ich schob die Kapuze nicht mehr über den Scheitel. Wasser rann über meinen Hals.

Ein feuchtes Maul, das sich langsam um meinen Hals schiebt. Rolf und ich stürmen in die Wiese, Hand in Hand. Er mit seinen sehnigen Beinen immer ein bißchen voraus.

Im Farn streifen wir die Kleider ab. Seine Hände gleiten über meinen Leib. Wir lehnen aneinander. Unablässig pochen Tropfen auf unsere Haut. Wir lassen uns fallen, ein endloses Versinken im weichen duftenden Farn.
Warum hält er mich nicht wirklich? Warum schließt mich nur der monotone Regen in seinen dürftigen Schleier ein?

Im «Alpina» überreichte mir der Portier eine Tüte mit Blumen.
Ich war überrascht. Ich freute mich. Isabel beobachtete mich. Sie saß mit Keller in der Halle, löste sich aus seinem Arm, riß die zufallende Tür auf und sprang in den Lift zu mir.
Du hast Blumen bekommen? Wer schickt dir Blumen? Der Lift schob sich nach oben. Ich spreizte die Papiertüte vom tropfenden Regenmantel und zuckte die Schultern. Isabel öffnete die Tür meines Zimmers und ließ sich auf mein Bett fallen. Spanne uns nicht auf die Folter, Lisa.
Sieben Rosen. Rote Knospen. Ein Kärtchen haftete am Papier. «Wann darf ich Dich wiedersehen? Ich rufe an. Dein Rolf.»
Wer ist Rolf? Isabel lehnte das Kärtchen ans Telefon und warf achtlos die Blumen aufs Bett.
Ich ließ Wasser in die Wanne laufen. Dampf beschlug Spiegel und Armaturen. Während ich badete, hockte Isabel mit zusammengepreßten Knien auf dem Deckel der Toilette. Sie wendete das Gesicht von mir ab und tippte mit den Fingerspitzen Tränen aus einem Augenwinkel.
Ich formte den Schaum zu einer Landschaft. Ich sagte, ich hätte ihr etwas mitgebracht. Isabel wollte kein Geschenk, gib es diesem Rolf! Sie stürzte aus dem Badezimmer. Ich hörte die wegeilenden Schritte auf dem Gang.

Die Gäste mochten sich nicht von den Tischen erheben. Nie hatten sie verregnetere Ferien erlebt. Sie tupften Krümel auf, nippten am Glas und verfolgten die Bewegung der Kellnerin. Theresa warf das Haar aus dem Gesicht, zog den Pullover über die Hüften. Von vielen Augen beobachtet, ging sie rascher und aufrechter, stellte Geschirr vor den Küchenpaß und pochte ans Fensterchen. Es klappte auf, der Küchenbursche zog den Geschirrturm ein und stieß die Flügel zu.
Ich saß im Speisesaal, eine fortwährend Registrierende.
Roths Fitneßprogramm war zusammengebrochen. Das Paar mochte nicht jeden Tag im Hallenbad verbringen.
Gespräche mit einem gehässigen Unterton.
Man hat nicht alle Vorhaben ausgeführt. Die angekreuzten Berge nicht gemacht. Keine Lust zum Kartenschreiben. Keine Lust, immer im Zimmer oder in der Halle zu bleiben. Zu Hause besitzt man jeden Komfort.
In Gedanken stand ich tausendmal auf, hatte das «Alpina» tausendmal verlassen.

Haben Sie die Jagdflieger gesehen, Fräulein Plüß? Sie kamen im Tiefflug, zogen sich steil an den Bergen hinauf und stürzten weg. Ich habe nichts gesehen. Ich blätterte Zeitschriften durch, die ich schon gelesen hatte.
Unentwegt hob Frau Klein Maschen am kanariengelben Gestrick ab. Unentwegt fiel ihr ein Monolog über Gesundheit ein. Kürzlich sei es auf unserem Stockwerk unruhig gewesen. Erst habe sie vermutet, die Laute kämen aus meinem Zimmer. Dann sei ihr eingefallen, daß ich ja allein im 312 wohne. Sie spielte auf den Nachmittag mit Rolf an.
Ab und zu, sagte ich, habe ich eine Sitzung mit dem Teufel.

Frau Klein war ratlos und hob ihre Strickarbeit gegen das Licht.
Sorgen haben die Leute, meinte Theresa. Ich möchte einmal deren Sorgen haben. Am Abend bin ich zum Umfallen müde; der Regen macht Mehrarbeit. Glauben Sie, ich komme dazu, ins Tal hinunter zu fahren? Sie kann sich in der Zimmerstunde einen Moment aufs Bett legen, ihre Knöchel seien geschwollen. Was sie wirklich herbeisehnt: Ferien. Dann werde sie nachholen. Ausschlafen, bummeln, nette Leute kennenlernen, gut essen. Bis Saisonende schiebe sie alle Vergnügungen auf. Nur in den Ferienwochen lebe sie wirklich, die übrige Zeit lasse sie sich von Gästen jagen.
Redet wie ich. Wartet auf Ferien. Die Erlösung.

Acht Stunden im Büro geben mir nicht das Gefühl, da gewesen zu sein. Und der Abend zu Hause gibt mir ebenfalls nicht das Gefühl, da gewesen zu sein.

Ich ging in den dunklen, schon fürs Frühstück gedeckten Speisesaal. Auf dem Klavierstuhl schraubte ich mich in die Höhe. Matt, die Stimmen aus der Bar. Ein Wunsch, dieser Rolf warte in Zimmer 312. Und ich tappe durch Tabakrauch auf ihn zu.
Licht schreckte mich auf.

Theresas Haar war wirr, ihr Gesicht gerötet. Sie entdeckte mich und tastete über die halbgeöffnete Bluse. Der Wirt kam, ging zu Theresa und umfaßte von hinten ihre Brüste. Theresa deutete mit dem Kopf zum Klavier, der Wirt zog seine Hände aus ihrer Bluse. Verlegen lächelte er und goß Wein in ein Glas. Ich gab der Sitzfläche des Klavierstuhls einen Stoß und fuhr mit dem Lift in den dritten Stock.

Lieber Rolf, die ganze Nacht habe ich mir vorgestellt, daß Du neben mir liegst, die Handmuscheln um meine Brüste gewölbt.

Der Regen löste Schieferplättchen. Sie drehten sich mit dem Rinnsal die Straße herunter. Der Park des «Alpina» war durchtränkt. Scheckige Regenwürmer auf Betonplatten, Moos in den Fugen und hochgeschossenes Unkraut. Die Gäste blieben in der Halle. Mr. Smith, der seine Filme noch nicht zu Ende geknipst hatte, brachte Blitzlichtpackungen aus dem Dorf.
So werde ich die Gäste dieses Sommers in Erinnerung behalten: den Apparat am Gesicht, die gegrätschten Beine leicht geknickt, den Rücken zurückgeschoben, den Bauch vorgewölbt, die Arme zum Apparat gebogen.
Morgen scheint Sonne. Die immergleiche Versprechung des Wirts. Er schlug in die Hände, als müßten Funken springen.
Wie er durch die Halle federte: das sprühende Leben. Siphon zischte in ein Glas. Musik aus der Kassette. Die Zigeuner an der Arbeit, die rasselnden Südamerikaner, die Gospelsänger. Und auf dem Tresen fauchte die Kaffeemaschine, beschlug das Chromgehäuse mit schillerndem Dampf.
Ich mochte nicht lesen, nicht Karten schreiben, nicht reden.

Die Gäste, die Landschaft, alles rinnt an mir herab.

Liebe Schwester Maria Rita, beim Eintritt ins Töchterpensionat trug ich zum erstenmal Nylonstrümpfe, einen Hüftgürtel und einen Büstenhalter. Derart eingeschirrt, betrach-

tete ich mich als Erwachsene, als Frau. Das Leben, dachte ich in meiner Einfalt, kann jetzt beginnen.
Am Lehrabschlußtag gehörte mir die Welt. Was ist aus mir geworden? Ein Visum. Was kann mein Arbeitsplatz mir bieten? Nichts, das mir für ein ganzes Leben reicht, nichts, das mich erfüllt.

Ich bin jetzt vierzig. Ein dienerndes Wesen, das einem Prokuristen bezeugt, daß er jemand ist mit Personal und Befehlsgewalt.

Sich vom Geldinstitut trennen, das kann doch nicht schwer sein. Es ist nur ein Ruck. Eine Entscheidung. Ein Einschreibebrief.
Ich ließ meinen Kopf auf die Polsterlehne fallen. Eine Handvoll Tage, und ich muß zurück.

Ich mochte nicht mit den andern Gästen in die Bar. In meinem Zimmer öffnete ich das Fenster und atmete die Feuchtigkeit. Rasch hintereinander krachten Autotüren, Schuhe klatschten näher, dann nur noch das Prasseln des Regens.
Rolfs fremde Telefonstimme. In diesem Regen ein Geräusch, das mich glücklich machte.
Ich stellte mir vor, daß diese Stimme sich nun öfter, vielleicht täglich melden könnte. Und ich warte auf den Anruf, bin süchtig nach dieser Stimme. Ich hebe den Hörer und prüfe, ob der Anschluß in Ordnung ist.
Ich warf mir eine Jacke über und rannte den Waldweg hinunter zu unserm Treffpunkt am See. Rolf wartete schon. Ich sah das Glimmen seiner Zigarette. Die helle Glut flog im Bogen weg. Außer Atem kam ich in seinen Armen an.
Die Zeit, die wir vergeudeten.

Mein Schirm sank zu Boden, schräg fiel der Regen unter die Lichtstäbe der Ampeln. Wagen zischten über die nasse Fahrbahn.
Ich wand seine Hemdknöpfe auf und schob meine Hand über seine Brust.
Das Bild, Rolf, das wir sind: aneinandergelehnt im Regen.
Er streifte meine nassen Kleider ab und trug mich zum Ufer. Wir ließen uns von den Steinen ins Wasser fallen. Irgendwo grölten Betrunkene, und Glas zerschellte. Ich schwamm der Insel zu. Rolf holte mich ein, tauchte unter mir durch, zog mich zu sich, stemmte mich hoch und warf mich zurück ins Wasser. Wir schwammen übereinander zum Ufer; paarende Frösche. Mit seinem Pullover trocknete er mich, schlang den Pullover um meinen Rücken und zog mich an seine glitschige Haut.
Von Ferne Barmusik, Stimmen und eine zuschlagende Autotür. Wind schüttelte einen Schwall Tropfen aus den Zweigen. Wir ließen uns auf den Boden fallen.
Rolf hatte Hände, die nicht mit großen Gesten auffielen. Sie steckten unter seinen Oberarmen oder sie mußten zu etwas nütze sein. Hielten eine Pfeife, zündeten eine Zigarette an, legten sich um ein Glas. Keine Hände für Luftmalereien. Ruhige Hände, die geschickt und unauffällig Knoten öffneten, einen Verschluß auseinanderhakten, einen Reißverschluß bewegten. Die Finger waren eingerollt, oder sie griffen nach etwas, wendeten und untersuchten es. Diesen Händen war man ausgeliefert. Ich suchte Worte, ihm das Universum zu versprechen. Er hielt meinen Kopf zwischen seinen Händen und sah mich an.
Mich hatte lange keiner so angeschaut. Ich spürte kaum den Regen.
Isabel war da. Isabel war nicht da.

Verfolgen und ausweichen, in den Weg stellen und das Gesicht abwenden: Isabel inszenierte unsere Begegnung neu.
Sie blickte im Speisesaal über mich weg. Ihr Weg führte aber mehrmals knapp an meinem Tisch vorbei. Sie vergaß Beuteltasche, Handcreme, Schreibzeug, vergaß den Schlüssel beim Portier, lief noch einmal hinaus und kam bald darauf in den Speisesaal zurück. Und sie mußte sich natürlich zwischen Theresa und meinem Tisch vorüberzwängen, mußte über meine Strohtasche stolpern, mußte neben meinem Stuhl ihren Lippenstift fallen lassen. Dann huschte sie an ihren Platz und kuschelte sich an Keller.

Ich wartete nie mehr auf Isabel.
Es gab jetzt diesen Mann. Wir wanderten zusammen im Regen und kehrten durchnäßt ins «Alpina» zurück. Wir badeten und legten uns nebeneinander.
Ein paar Tage ist jemand mir nah.

Sende keine Briefe mehr stop.
Mr. One hatte gekabelt. Der Portier händigte mir das Telegramm aus. Lesend und wieder lesend stieg ich die Treppe hoch, hängte das Kleid an den Duschknauf über der Badewanne und ließ mich bäuchlings auf die geblumte Überdecke fallen.
Keine Briefe mehr für One. Auch er wird keine mehr schicken. Bricht mit fünf Worten eine Beziehung auf einem Telegrammformular. Ehe gerettet stop Träume unterbunden stop.
Ich werde Dir immer schreiben, Lisa.
Und wenn Deine Frau von den Briefen erfährt?
Trotzdem, Lisa.

Kein Gefühl von Trauer. Wie oft war ich statt ein Visumzeichen jemandes Einundalles, eine Hoffnung, eine Zukunft. Es war angenehm, für einen andern etwas zu sein.
Rhythmisches Klopfen aus der Bar. Der schwache Widerschein der Lichtreklame rötete in der Dämmerung die Zimmerdecke.

Das Gesicht des Wirts: eine Sonne. Die Gäste verließen sich nicht mehr auf die Wetterprognose der Einheimischen. Das ältere Paar reiste ab. Anita, Oswin und Roland bekamen zum Abschied Puppen, die aussahen wie Erwachsene; eine richtige Braut, ein richtiger Motorradfahrer, ein richtiger Fußballer mit Zubehör. Die Kinder stürmten mit ihren Puppen in der Klarsichtpackung davon. Der Vater händigte dem reisenden Paar seine Visitenkarte aus. Sie versprachen, sich gegenseitig zu besuchen.

Der Portier begleitete die Abreisenden nicht mit dem großen Schirm zum Taxi. Nur von Ankommenden hielt er den Regen fern, diese schienen die Mühe noch wert. Während das Paar sich mit ihren Koffern durch die Drehtür zwängte, bündelte er Prospekte. Darauf abgebildet: der gedeckte Speisesaal mit elegant gekleideten Gästen, das rosarote Flitterwochenzimmer, das Bergpanorama mit Schnee, die Parkanlage aus einem entfernten Blickwinkel, Golf- und Tennisspieler, das Buffet du Chef mit der Brigade: junge, lachende, schöne Menschen auf allen Bildern.
Die Bestuhlung im Aufenthaltsraum gegen den Fernseher gerichtet. Unablässig klickten die Stricknadeln von Frau Klein. Der Eifer, mit dem diese Frau Wolle vom Knäuel zog und an ihrem kanariengelben Maschenwerk arbeitete, bezeugte: Darin liegt der Sinn des Lebens.

Der Wirt folgte der Kellnerin. Beim Waschbecken im Gang nahm sie das Seifenstück aus der Schale. Der Wirt schloß sie mit den Armen an die Keramikplatten und redete auf sie ein. Sie öffnete den Wasserhahn und drehte verneinend den Kopf.

Ich wartete auf Isabel.
Ich wollte ihr die Schallplatte geben, wollte fragen, warum fliehst du mich, du hast deinen Richard, ich habe meinen Rolf, können wir nicht trotzdem Freundinnen sein?
Jemand rannte unters Vordach, ein Schirm wurde auf- und zugeklappt. Ohne den weißen Kittel, die gehäuselten Hosen und die Kochmütze hatte ich den Koch nicht erkannt.
Ob jemals wieder Sonne scheint, fragte Frau Klein. Sein Schirm tropfte, er bohrte ihn in den Ständer, der Stoff feilte an andern Schirmen entlang. Wie enttäuscht müssen Sie sein, als zahlender Gast, meinte der Koch zu Frau Klein. Sie zog zwei Armlängen Wolle vom Knäuel und seufzte.

Früh am Morgen wanderte ich auf dem aufgeweichten Weg um den See, ging zurück zum «Alpina», holte den Wagen und fuhr durch den Regen. In der Konditorei saß ich mit vielen andern Leuten im überheizten Raum. Der rote Inlaid war von Schuhabdrücken gemustert. Die Kellnerin kannte mich, sie setzte lächelnd das Tablett mit Geschirr auf den Tischrand und verteilte die bestellten Getränke.
Auch in der toten Zeit komme sie nicht zu einem Gespräch mit den Gästen.
Dann hilft sie in der Konditorei Pralinen in Cellophan wickeln.
Die Einzeltische waren an Regentagen immer besetzt. Die Eintretenden warteten bei der Tür auf einen freien Tisch.

Viele schienen sich vor der Stille ihrer Hotelzimmer zu fürchten. Ein Raum, brausend von Stimmen, manchmal ist dies der einzige Ort, wo ich eine Weile aufgehoben bin.
Das Weiche aus einem Brötchen klaubend, starrte der Mann gegenüber in den Regen. Ich hörte das Geräusch seines Speichels, wenn er die Lippen übers Zahnfleisch hob und versuchte, mit mir zu reden. Ich mochte nicht sprechen, blickte an ihm vorbei auf die zerfetzten Geranienblätter, die der Regen gegen eine Mauer spülte.

Rolf holte mich ab. Er hielt den Schirm so, daß er selber naß wurde. Umhegt werden bin ich nicht gewohnt. Den Kopf an seiner Schulter, machte ich das Schnurren einer Katze nach, ging an ihn gelehnt im Schutze seines Schirms. Im Hotel klammerten wir uns aneinander.
Der Satz in meinen Notizen fiel mir ein: Der Mensch sucht keinen Sex. Er sucht Nähe, immer nur Nähe.

Der Portier hat Isabel die Schallplatte übergeben. Sie habe keine Nachricht hinterlassen.
Frau Klein in der Halle immer am Stricken. Das Nachtessen wurde noch nicht serviert. Die Kinder redeten mit den Puppen und übersetzten einander die Antworten und Entschlüsse der richtigen kleinen Braut, des richtigen Motorradfahrers, des richtigen Fußballers.
Durchnäßt kehrten Isabel und Keller ins «Alpina» zurück. Sie hing an seinem Arm, hatte Mühe, mit ihm im selben Geviert der Drehtür in die Halle zu trippeln. Während er den Schlüssel verlangte, ließ Isabel sich auf die unterste Treppenstufe fallen. Die Fransen deckten halb ihre vom Lidschatten verschmierten Augen.
Ist dir übel, Isabel?

Sie drehte langsam den Kopf zu mir. Der Blick der verkleinerten Augen war ziellos. Sie ließ den Kopf wieder hängen. Betrunken, flüsterte Frau Klein, umschlang heftig den Faden und stach in die Masche.
Schade um den netten Herrn.
Ein Kleid voll Brust hob und senkte sich beim Seufzen. An einem lahmen Arm zog Keller seine Freundin hoch und führte sie zum Lift. Sie taumelte hinein. Der beleuchtete Schrein schob sich mit den beiden an der Glasfüllung nach oben.

Sie erschienen nicht zum Essen.
Die Schallplattte lehnte im Zimmer an meinem Schreibtisch. Für Rolf. Ausrufungszeichen.

Tag der Absenzen, Tag der Museumsbesichtigung. Die Zurückgebliebenen mit enttäuschten Gesichtern. Niemand mochte die Zeit im Hallenbad und Fitneßzenter verbringen. Die Fußball-Weltmeisterschaft war entschieden, das falsche Land gewann. Wir zogen von Gasthaus zu Gasthaus, wurden betrunkener und betrunkener.
Und mit welcher Attraktion lockt die Hallentafel an diesem Abend?
Die Miß-Holyday-Wahl findet statt.
Die Kinder schlugen mit den Puppen aufeinander ein. Wer hilft die Tische decken? Die Kleinen ließen die Puppen fallen und rannten zu Theresa in den Speisesaal. Die Kinder langweilen sich, meinte Frau Escher. Es sind ja noch Kinder, fügte sie bei.

Einzige Veränderung: Statt der drei Anemonen standen drei Nelken auf den Tischen. Die Strohblumen in den Gän-

gen auf dem Wandtisch vor dem goldgerahmten Spiegel wurden nie gewechselt. Und die toten Fliegen in den milchigen Deckenlampen werden, so vermutete ich, am Saisonende entfernt.
Ich war die erste am Tisch und schrieb.
Gärtnerei Steffen, schicken Sie mir unverzüglich: 6 Zwiebeln Begonia multiflora maxima, Mischung. 6 Zwiebeln Balkon-Dahlie Purpinka. 1 Brieflein Blumensamen Lobelia Kaiser Wilhelm.
Zoohandlung, bitte reservieren Sie das schönste Halsband für meinen liebsten Hund.
Liebe Edith, guter Geist, wenn ich zurückkehre, muß alles anders werden. Ich will mich neu einrichten und brauche Deinen Rat.
Sie Hausherr! Schämen Sie sich nicht? Der Putz blättert von der Fassade, hinter der ich lebe. Ich habe Sie mehrmals darauf hinweisen wollen. Die regelmäßigen Überweisungen einer gewissen Lisa Plüß dürften Ihnen nicht entgangen sein, aber mir ist Ihr Interesse an meiner Umgebung entgangen. Ich bitte Sie, wenigstens die Fassade einer besseren Lebensqualität aufrecht zu erhalten.

Ich schrieb mich in eine Freude, jetzt kehrte ich beinah gern zurück. Bei Theresa bestellte ich Wein.
Die Verbliebenen rückten an die Fensterplätze nach. Frau Klein saß andern Gästen gegenüber. Auch die sahen über sie hinweg oder durch sie hindurch. Ich schüttelte den Serviettenkegel auf, guten Appetit.
Und ein Bild flatterte zu Boden, fiel aus der Serviette und rutschte auf dem Parkett gegen das Bein des Tisches.
Das Bild von einem Paar. Eine unterbelichtete Aufnahme mit einer Polaroidkamera gemacht. Die Frau stand vor dem

Mann, hob die hellen Arme und verschränkte die Hände auf dem Kopf des Mannes. Isabel und Rolf. Ein lachendes, ein glückliches Paar. Zur Erinnerung, stand auf der Rückseite des Bildes.

Isabel, erst benutzt Du mein Schminkzeug, dann meine Kleider, dann dringst Du in meine Geheimnisse. Jetzt bist Du bei Rolf angelangt.

Immer tiefer in Regen einmarschieren. Immer geradeaus. Dem Meer entgegen. Hinauswaten ins graue, auf mich zurollende Wasser. Den Fuß über den nassen Boden heben, vorschieben, niederstoßen, Gewicht auf diesen Fuß verlegen, den zurückgespreizten Fuß abheben, vorgreifen, ins Rinnsal setzen.
Ich bin eine Gehmaschine. Angestellt, betrieben, abgestellt.
Die Tage sind verloren.
Auf dem Höhenweg begegnete ich keinen Wanderern. Der Ferienort wie gewohnt unter dunkler Schraffierung, manchmal von Fichtenstämmen oder einem vorkragenden Fels verdeckt. Abgesoffen. Abgerutscht. Aber da bei der nächsten Krümmung waren die dunkel glänzenden Dächer und fadendünnen Straßen wieder zu sehen.
Ab Montag lautet der Auftrag: 7.30 Uhr Schreibzeug, Stempel und Stempelkissen aus der Schublade räumen. Ziffern wechseln, Formulare füllen, Tasten drücken, codieren, kontrollieren, visieren, Kassenrapport abschließen, Stahlschränke schließen. Umstellen auf Nachtalarm. In unserem Geldinstitut ist alles geregelt und wunderbar klar. Ich weiß, was ich am Montag tun werde, und am Dienstag und all die andern Tage. Im Feierabendverkehr fahre ich

nach Hause und koche für eine Person. Dann die Tageszeitung, die Wochenzeitung, der Fernsehfilm. Und der neue Tag mit Morgenmusik.
Sprühnebel stiegen aus den Matten, den Schieferdächern, dem Tobel mit dem tosenden Bach. Durch die dünne Regenhaut drang Wasser, mein Kleid klebte. Ich sang oder brummelte oder murmelte oder rief einzelne Wörter in den Regen hinein. Tropfen am Drahtzaun fuhren mit, perlten vom Stachel in die Grasbüschel. Die Seilbahnstation war erleuchtet. Es hingen keine Gondeln am Kabel. Rutschend griff ich ins Gras, verkrallte mich in dicke zähe Büschel und tastete mit den Füßen zu sicherem Grund.
Der falsche Weg. Es wird zur Gewohnheit.
Der Pfad war so schmal, daß die farblose aufgedunsene Plastikregenhaut über Halme schleifte. Die Gräser schütteten sich über den Strümpfen aus, vergrößerten die Flecken auf den Waden. Eine kleine Bewegung, ganz in der Nähe. Einen Augenblick blieb ich stehen und hielt den Atem an. Es war nichts, es ist nichts, wer sollte es gewesen sein. Ein Windstoß rüttelte die Fichtenzweige, und am Boden hüpften Büschel fauliger Nadeln auf, sprangen unter dem Tropfenhagel wie die Knöpfe eines Flohspiels.

Meine verdreckten Hände rutschten an der Regenhaut ab. An meinem Fischleib, der durch tropfende Wälder und tiefe Matten schwimmt, an diesem glitschigen Körper, der allen Händen fortgleitet, an jedem andern Körper abrutscht.
Nach einer Kurve die ersten Appartementhäuser. Verborgen von Mauern und Vorhängen, die Bewohner darin. Verleben in diesen Wohnungen eine kurze Zeit. In den Schächten vor lackierten Garagetoren rauschte Wasser. In der Nachsaison sei hier alles geschlossen.

Wie die Leute bei diesem Wetter telefonieren müssen. Sie wollen nichts anderes hören, als daß sie vermißt werden, daß man sie nicht vergessen hat, daß alles in Ordnung ist, daß sie ins Auto springen und an einen andern Ort zu vertrauten Menschen gelangen könnten.
Ich wollte Edith anrufen. Den einzigen Menschen, Hüterin des einzigen Tiers. Was macht ihr? Wartet ihr? Von mir gibt es nichts zu melden. Die Telefonkabine unterhalb des Busdepots war besetzt. Ein Lastwagen mit Arbeitern überholte mich. Feierabend auf dem Bauplatz des neuen Dorfs. Die Arbeiter saßen mit angezogenen, wankenden Knien unter einer Plane auf der Laderampe. Einer winkte. Ich winkte nicht. Meine Arme hingen am Regenmantel herab, baumelten neben den stampfenden Schenkeln.

Keine Blume. Kein Anruf. Bedauernd hob der Portier die Schultern. Er erinnerte sich, daß Herr Keller mit seiner Polaroidkamera Aufnahmen in der Halle machte. Mein Bekannter habe nach mir gefragt, und Madame habe den Herrn ermuntert, mit ihr und ihrem Mann in der Halle auf mich zu warten. Es sei ein fröhlicher Nachmittag geworden, man habe getrunken und später diese Fotos gemacht.

Liebe Isabel, lieber Rolf. Ein enttäuschendes Werk der Fotokunst. Die Belichtung zu dunkel, der Blickwinkel ungünstig, die Pose künstlich, die Perspektive schlecht gewählt. Alles ist verdorben. Ihr habt mich mit dieser enttäuschenden Aufnahme, ich kann nicht schildern wie Ihr mich, es ist Euch gelungen.

Der gewohnte Abend in der gewohnten Gesellschaft. Escher erklärte mir seinen Apparat. Ich fotografierte die Fa-

milie. Und ich fotografierte die Eltern mit ihren Kindern, die kaum ruhig stehen wollten, bis der Vogel, wie Escher ihnen erklärte, aus dem Apparat flog. Ich sah alle kleingeschrumpft zwischen den Tischen. Und wir tranken den Rest des Weines auf die Ferien im nächsten Jahr.
Sie werden sonnig sein. Natürlich werden sie sonnig sein, lachte Escher und schlug Roth auf die Schulter.

Ein Traum. In einer öffentlichen Toilette umklammerte ich einen Wasserhahn und weinte hemmungslos. Eine Frau trat aus einer der Toiletten und fragte, haben Sie das große Lotterielos nicht gezogen? Ich versuchte zu erklären. Meine Brust schmerzte vor Anstrengung, hilflos fuchtelte ich mit den Armen, verbog die Lippen, würgte und würgte, aber ich brachte kein Wort heraus.
Ich ging nocheinmal hinaus. Nachts draußen herumgehen war jetzt fast Gewohnheit. Zwei Männer rollten schweigend Büchsen vor sich her. Die Büchsen brachen aus der geraden Bahn. Die Männer überhüpften die Büchsen und kickten sie zurück.
Immer in der geraden Bahn sein. Eines Tages sogar aufhören, eine Knickung zu erwarten, vor sich hinrollen und auf nichts neugierig sein. Die Frage Wie leben Sie? nimmt man mit Erstaunen zur Kenntnis. Ja, wie lebe ich? Ich weiß nichts Besonderes. Es gibt von mir eigentlich nichts zu berichten. Im Restaurant am See trank ich einen Fernet. Das Essen lag schwer in meinem Magen. Eine Störung, nicht der Rede wert.
Auch in diesem Restaurant waren Freunde des Wirts. Sie kümmerten sich um alleinstehende Frauen.
So wird die ledige Kassahilfe Lisa Plüß nie ganz ohne Aufenthalte in fremden Armen sein. Man muß nur lernen,

nicht zuviel Gefühl zu haben. Abstumpfen: also doch! Vor sich hinrollen und nichts mehr erwarten.
Ich glaube, ich weinte. Und ich hatte seit Jahren nicht geweint.
Viel, das aus mir herausbrechen wollte, die ganzen vierzig Jahre und die nächsten vierzig Jahre dazu.
In dieser Bar, umgeben von fremden Leuten, in Musik und Sprechgeräuschen konnte ich mir vorstellen, ja da war es denkbar, daß ich mit einem Mann wie Rolf hätte leben wollen.
Ein Freund des Wirts legte seine Hand auf meine Schulter. Ich erhob mich, die Hand rutschte ab. Ohne Gruß verließ ich das Lokal.

Rolf holte mich nach dem Frühstück ab.
Der Himmel unverändert in einem schmutzigen Grau. Ich fragte nicht nach Isabel und seinen Gefühlen zu ihr. Kein Wort über das Foto, das ich an meinem Tisch gefunden hatte. Wie schlenderten unter einem Schirm. Gäste schleppten Koffer und Tennisschläger zu einer Hütte und riegelten an den geschlossenen winzigen Holzläden. Aus dem hängenden rostigen Kännel schoß Wasser in ein Faß. Das Fenster zur Heubühne unter dem Dach stand offen. Die Gäste suchten Bretter und rollten die Holzbank unter das Fenster. Die Heubühne war nicht zu erreichen. Einer der Fremden hockte sich im Regen auf den Koffer und begann zu lachen. Ich blieb hinter Rolf zurück. Ich wollte wie dieser Fremde über alle unerfüllten Wünsche lachen.
Wir bogen in die Hauptstraße. Ab und zu zischte ein Wagen vorbei und räderte Wasser über den Gehsteig. Schimpfend klopfte Rolf seinen verspritzten Regenmantel aus. Im Dorf studierten Eschers die ausgehängte Menükarte.

Ich spürte Rolfs Schenkel. Aber es war nicht die eine einzige Bewegung unseres ersten Nachmittags. Er griff schneller aus, oder ich ging langsamer. Ich wollte sagen, daß es keinen Sinn hat, bei unserer verschiedenen Gangart.

Ein Fremder stand im Lift. Ich blickte auf die Wandkacheln, die sich nach unten schoben, auf die Liftknöpfe, die aufleuchtende Stockwerkzahl. Auch er mied meinen Blick. Beim Aussteigen ein mattes Lächeln, das Gefühl von Befreiung. Ich eilte zu meinem Zimmer.
Im Flur stieß ich auf Isabel. Sie machte sich vor dem goldgerahmten Spiegel zurecht. Ich stellte mich neben sie, obwohl sie sich mit keinem andern Menschen zusammen in einem Spiegel sehen mag, und ich erzählte von meiner Abneigung, mit Fremden Lift zu fahren. Isabel wühlte in ihrem Lederbeutel, fand die Dose und puderte ihre Nase.
Von welchem Fremden sprichst du? Sie lächelte ihr Maskenlächeln. Sie habe zufällig diesen, meinen Rolf getroffen. Er habe ihr gefallen. Ein Mann, mit dem sie sofort schlafen würde und vielleicht auch schlafen wird.

Sie malte große, sanfte Augen. Ich blickte über ihre Schulter. Wir waren zusammengefaßt im Goldrahmen des Spiegels. Freundinnen. Waren mit dem kunstvoll gesteckten Blumenstrauß im Vordergrund ein schönes Bild.
Mit wem liebst du dich jetzt, fragte Isabel, den aufgeschraubten Lippenstift vor dem Mund.
Ich zog eine Blume aus, knickte den Stengel; wen liebst du, lautet die richtige Frage. Ich zerrieb die Blüte zwischen meinen Fingern zu Staub. Im Schein der milchigen Deckenlampe schimmerten die flirrenden Krümel noch einmal auf.

Ich erinnerte mich an einen Satz in meinen Notizen. Liebe ist das Vorgreifen in die Zeit, von der wir alle hoffen, daß es sie einmal geben wird, aber nicht erwarten, daß einer von uns sie noch erlebt. Isabel packte ihre Stifte in den Beutel. Keller trat aus dem Zimmer, und sie hängte sich in seinen Arm, ging mit ihm zum Lift, den Kopf an seine Schulter geschmiegt.

Nach der Straßenkarte rechnete ich die Anzahl Kilometer der verschiedenen Strecken zurück zu meinem Dorf aus.
Sich vorzustellen, daß man dann doch in eine andere Richtung fährt. Denken, daß es möglich ist, alles zurückzulassen. Neu beginnen.

Theresa begann aufzustuhlen, die Aschenbecher zu sammeln und wegzukippen. Ich verließ als letzte die Bar. Der Portier händigte mir den Zimmerschlüssel aus und deutete damit zu einem Sessel. Ein dunkles Bündel lag darauf, rotes Haar hing über eine Lehne. Neben dem Klubtisch stand ein Köfferchen. Isabel mußte lange auf mich gewartet haben. In diesem großen Sessel sah sie winzig aus. Etwas, das in die Arme genommen und gehalten werden wollte; das wächst in der Wärme, wuchert und alles unter sich erstickt.

Ich beugte mich über die Zusammengekauerte. Was ist passiert?
Sie richtete sich auf und nahm die Hände vom verschmierten Gesicht.
Ich will fort von hier. Ich gehe nicht mehr ins 314 hinauf.
Sie klammerte sich weinend an meinen Arm. Bin ich eine Trinkerin? Eine Herumtreiberin? Eine Tablettensüchtige? Was weiß er denn von mir. Richard braucht die Schuld der

andern. An fremden Unzulänglichkeiten gemessen, kommt er sich groß und stark und gesund vor. Isabel bebte weinend auf.
Wohin willst du jetzt? Hast du Geld?
Isabel schüttelte ihr Haar. Sie habe nichts anderes erwartet, als daß ich, eine Bänklerin, nach Geld frage in einem solchen Augenblick, da ihre Zukunft sich entscheide. Du weißt, ich habe kein Geld. Sie strich sich ein paar Haare von den Lippen. Plötzlich das Maskenlächeln. Sie legte den Kopf schräg.
Fahr mit mir! Bitte. Irgendwohin. Was hält uns zurück? Deine Sicherheit bei der Bank, die genau genommen keine Sicherheit ist? Dieser Rolf? Wir gehen einfach, jetzt, sofort. Wäge nicht immer alles ab, du mit deinem Kopf.
Und deine Tochter, Isabel?
Sie schloß die Augen. Fahr mit mir! Wir werden billig leben, du und ich. Ich will nicht mehr zurück in die verschlissenen Tapeten meiner schäbigen Wohnung. Es muß doch etwas anderes geben. Ich weiß, daß es etwas anderes gibt.
Ihre Arme lagen wie Gewichte auf mir. Lange Polypenarme. Sanft schlossen sie sich um meinen Hals.
Ich erhob mich. Isabels Hände rutschten an mir ab. Der Portier ging mir voran zum Lift und öffnete die Tür ins hellerleuchtete Gehäuse. Ich stand darin und sah hinter dem Glas den aufgerichteten Schatten Isabels. Langsam schob ich mich an ihr vorbei, hinauf zum Flur.

Lieber Rolf, die allerletzte Karte. Isabel hat mit Keller gebrochen und ist zu mir übergelaufen. Ich sollte ihr Ausweg sein. Undeutlich schwebt ihr eine Zukunft vor, die ich verwirklichen soll. Aus eigener Kraft traut sie sich nichts zu.
Ich kann niemandes Ausweg sein.

Isabel erschreckt das Alleinsein. Aber dies ist keine Grundlage für eine Partnerschaft. Ringsum sehe ich Ehen, in denen das Eine das Andere erwürgt.
Auch ich würde mit meinem gewaltigen Anspruch alles zerstören.
Ich begann zu packen. Tankte das Auto. Wanderte zum letztenmal über den Höhenweg. Er war gefährlich nach diesem lange anhaltenden Regen.
Der Ferienort war von hier nicht sichtbar. Mit Fels ins Tal gerutscht, nie mehr rekonstruierbar. Ein verschütteter Sommer. Und der Mann Rolf und die Frau Isabel werden vergessen, daß sie für die Dauer von Ferien in meinem Leben eine Rolle spielten. Ich übte meine Stimme. Ich wollte hören, wie es klang, wenn ich ins Prasseln des Regens sagte: Jemand hat in meinem Leben eine Rolle gespielt.
Ein einzelner Stuhl im Regen. Verlassen. Vergessen. Zwecklos. Wie ich an den Bäumen vorbeizog, mit mir selber redend, das Gesicht zum Boden oder zum Himmel gedreht. In diesen Bäumen pflegten Vögel zu pfeifen. Lang ist es her, daß der Höhenweg trocken war und ich mit Herrn Keller und Isabel zum Steinbruch wanderte.
Seit Stunden erlebte ich nur mein Gehen. Ich wanderte langsam. Die Straße stieg an. Aber es ist nicht die Straße, dachte ich, die mich zögern läßt. Es ist das Leben, zu dem ich zurückkehre. Die glattgeschmierte Zukunft. Der heutige Tag kann ein Tag in zwanzig Jahren sein. Nur daß man körperliche Beschwerden hat, schwerer atmet, daß sich der Maschinenpark im Geldinstitut vergrößert, daß man einem andern Chef an die Hand geht.

Eingeschrieben. Geehrte Herren, ich kündige hiermit meine Mitarbeit. Bitte nehmen Sie zur Kenntnis, daß das äu-

ßerste und entbehrlichste Glied dieses Instituts abgefallen ist. Ich kündige fristlos. Belasten Sie ihre Schadensforderung meinem Konto.

Schafe am Hang. Sie hielten die Köpfe gesenkt. Ihr Fell tropfte. Bewegungslos standen sie da und starrten aufs nasse Gras. Ich will jetzt auf der Stelle mein Gesicht ins Fell eines Schafes drücken. Dies müßte ein Gefühl sein, als könnte mir nie etwas geschehen. Ich würde alles aus mir heraus in die dichte dampfende Wolle hineinweinen.
Rauch in einer Hütte war das erste Lebenszeichen. Ich erreichte das Dorf. Und ich war mit dem Rascheln meiner Regenhaut micht mehr allein. Das Geräusch des Regens übertrug sich auf Vordächer, Schirme, Kühler, Dachkännel. Es veränderte sich beim Zusammentreffen mit verschiedenem Material. Die Leute wuchsen mir entgegen. Das Klatschen ihrer Schuhe verstärkte sich. Ich erkannte Einzelheiten in einem Gesicht, gegen das ich im nächsten Moment prallen konnte, das aber, wie jedes nahende Objekt, im richtigen Augenblick zur Seite wich.

Mein Schatten ging durch Schaufenster, Chromleisten, Windschutzscheiben, Spiegel, Brillen und Pfützen. Tausendfach kam ich vor, vielfarbig, vielförmig.
Es ist also möglich, eine andere zu werden.
Wo vor Tagen Kinder Froschlurche in den Laderaum eines Plastikautos schöpften, schaukelte ein Pappbecher im trüben Wasser. Der See war mit eingekreisten Pickeln besetzt. Blasen platzten auf, immer neue Schwären. Scheinwerfer eines Autos schaukelten aus dem Park des «Alpina». Abreisende Gäste. Und ich rücke vielleicht auf Platz Nummer eins. Für einen Abend, den letzten, bin ich Besitzerin des

Fensterplatzes und kann den Speisesaal von einem andern Blickwinkel übersehen.
Ich lief mich aus.
Es gefiel mir, diesen Satz in den Regen hinauszusagen: Ich laufe mich aus. Man sollte alles aus sich herauslaufen.

Die Zeichnung muß seit Tagen im Regen gelegen haben. Eine Tropfenkette stürzte vom Abfalleimer auf das Papier. Ich wendete es mit dem Schuh, erinnerte mich an die zeichnenden Kinder. Da war das Wetter noch gut. Auf Klappstühlen beugten sich die Kleinen über ihre Zeichnung auf dem Knie. Ein Kind hatte sich seinen See mit Fischen und einem Segelboot gedacht. Ich hob das Blatt auf. Die Zeichnung war verschwommen, die Farben verliefen, Sand klebte auf dem Papier. Es war die Zeichnung dieses eigenwilligen Kindes. Schwach waren ein Segelboot und Fische zu erkennen.
Mir war elend, vielleicht weil ich seit dem Morgen in der Nässe am Berg herumwanderte oder weil ich lange nichts gegessen hatte, aus Erschöpfung, aus Überdruß, was weiß ich.
Ich sah wieder das Kind, wie es eifrig malte und Farben wählte und selbstvergessen den Mund nach vorne schob. Was ein See sein soll, darüber machte es sich ein Bild und brachte seine Sicht zu Papier. Die Lehrerin lobt dieses Kind, ich hatte an keine andere Möglichkeit gedacht und meinen Weg fortgesetzt. Es galt ja ein Programm zu erfüllen. Man denkt an seine kleinen Angelegenheiten und bemerkt nicht, daß einem Kind die Hand geführt wird, daß ganz in der Nähe ein Wesen gefügig gemacht wird.
Diesen See hier wollen wir zeichnen, wird die Lehrerin zum Kind gesagt und seinen Kopf zum Wasser gedreht haben.

Da, diesen See! Das Kind hat das Blatt aus dem Block gerissen und auf Geheiß einen leeren See nach Vorlage gezeichnet. Den leblosen See, an dem ich stand, auf dem ununterbrochen Blasen platzten.
Mein Magen zog sich zusammen. Die Faust in den Bauch pressend, beugte ich mich über das Wasser und übergab mich. Alles, schien mir, stürze aus mir heraus.